모세의 생애

닛사의 그레고리 지음 | 고진옥 옮김

모세의 생애
(THE LIFE OF MOSES)

초판 발행:1993년 5월 10일
2쇄 발행:2003년 11월 10일(개정판)
저자:닛사의 그레고리(Gregory of Nyssa)
역자:고진옥
발행처:도서출판 은성
등록:1974년 12월 9일 제9-66호
ⓒ1993년 도서출판 은성
주소:서울시 동작구 상도5동 126-60 우편번호 156-035
전화:(02) 824-8000 팩스:(02) 813-9072

출판 및 판매에 관한 모든 권한은 본 출판사가 소유하고 있습니다.
출판사의 사전 서면 허락 없이 상업적인 목적으로 번역, 재제작, 인용, 촬영, 녹음 등을 할 수 없음을 알려 드립니다.

ISBN 89-7236-317-0 33230

차례

서문   5

서론   7

제1권 덕의 완성에 대하여   39

제2권 모세의 생애에 관한 관상   73

참고문헌   189

서문

닛사의 그레고리(St. Gregory of Nyssa, 335-395)는 갑바도기아(Cappadocia)의 유명한 기독교 집안에서 태어났다. 그는 열 명의 형제들 중 셋째 아들이었으며, 특히 그의 누이였던 마크리나(Macrina)와 형 바질(Basil: 후일 가이사랴의 감독이 되었음)은 그레고리의 종교적 성장과 교육에 있어서 중요한 영향을 끼쳤다. 비록 교회에서 기도서의 봉독자로 임명되기도 했지만, 그레고리는 아버지를 따라서 수사학 교사가 되기로 결심했으며 결혼도 했다. 그러나 그는 가족들과 친구들의 설득으로 은퇴한 뒤, 형 바질의 수도원으로 들어갔다.

371-372년 경, 바질은 그레고리가 닛사라는 작은 마을의 주교로 임명되도록 힘썼다. 이는 동생이 자신의 주교좌에서 명성을 얻기를 원하지 않는 것이 아니라, 오히려 명성을 얻을 수 있게 하려 한다고 해명했다. 그레고리는 381년 콘스탄티노플에서 열린 제2차 공의회에서, 삼위일체 교리가 정통으로 확립되는 데 중요한 역할을 했다. 데오도시우스(Theodosius) 황제는 교회 신조라는 면에서 뿐만 아니라, 그레고리와의 개인적인 친분 때문에 그 교리를 정통으로 인정했

으며, 그의 명성은 콘스탄티노플과 알렉산드리아의 주교들과 나란히 신념의 표준으로서 인정을 받았다. 그레고리는 독창성을 지닌 사변적인 신학자였다. 그는 삼위일체 교리를 명시한 것 외에도 인간, 영혼, 부활, 대속 교리 등에 있어서도 매우 중요한 공헌을 했다.

그의 말년에 영적인 삶을 주제로 하는 철학적 신학을 발전시켰다. 그러한 후기 저술 중에서 중심 되는 것이 바로 『모세의 생애』(*Life of Moses*)였으나, 이제까지도 이 작품 전체를 번역한 책은 없었다. 그레고리는 먼저 모세의 생애를 요약 서술하고 난 뒤, 그 삶의 사건으로부터 도덕적이고 영적인 교훈들을 이끌어낸다. 수덕적인 삶이란 끝 없이 선하신 하나님이심에 기초를 둔 영원한 진보라는 것이 이 책의 주제이다.

교부 신학이나 기독교 영성에서 그레고리가 차지하고 있는 중요성에 대한 재인식은 그레고리에 대한 새로운 평가가 계속해서 나오고 있다는 사실을 통해서도 알 수 있다. 즉, 베르너 예거(Werner Jaeger)에 의해서 시작된 이 비평은 체브토그네(Chevetogne, 1969), 프랭켄호스트(Freckenhorst, 1972), 라이덴(Leiden, 1974), 그리고 캠브리지(Cambridge, 1978)의 그레고리 연구 모임에 의해서 지금도 계속되고 있다.

서론

　그레고리가 갑바도키아(Cappadocia)의 신실한 기독교 가정에서 성장했지만, 그의 초년에는 교회에서 크게 두각이 나타나지 않았다. 그러나 그의 나이 약 40세가 되던 해인 372년에 중요한 변화가 일어났다. 당시 가이사랴(Caesarea)의 감독이었던 그의 형인 바질(Basil)의 권유를 받아들여 닛사(Nyssa)의 감독직을 받아들였던 것이다. 형 바질이 죽은 후, 379년 초부터 그레고리는 아리안주의(Arianism)에 대항하는 정통 신앙의 수호자로 부각되었다. 381년에 열린 콘스탄티노플 공의회 이후, 동방교회 안에서 그레고리의 종교적 지도력은 상당한 영향력을 발휘하게 되었다. 그러나 약 395년 그가 죽기 전 십 여 년 동안 그의 영향력은 쇠퇴하기 시작했다. 이때 그레고리는 교리 논쟁이나 교회 감독직에서 물러나 영적 생활에만 전념하고 있었다. 결국, 그의 누이였던 마크리나의 영향력이 승리를 거둔 셈이었다.

저술 당시의 상황

그레고리의 저작『모세의 생애』(Life of Moses)가 저술된 시기는 정확하지 않다. 그러나 몇 가지 사실에 비추어볼 때, 390년대 초에 쓰여 진 것으로 추정해 볼 수 있다. 즉, 이 작품은 그레고리의 노년의 저작인 것처럼 보인다. 모세가 받았던 질투를 해석하는 부분에서, 그레고리는 자신이 겪어야 했던 질투와 시기를 반영하고 있다고 할 수 있다. 그는 그리스도의 성육신 교리를 강조한 반면 성령의 신성에 대해서는 거의 언급하지 않는 것을 볼 때, 그의 관심이 삼위일체 논쟁으로부터 기독론으로 옮겨갔음을 알 수 있다. 우리는 이 저작을 통해, 영적 생활에 대한 그레고리의 완숙된 교리, 그러면서도 성서 본문에 충실한 교리를 만날 수 있다.

예거(Jaeger)가 그레고리의 작품인『기독교적 관습』(De instituto Christiano),『기독교 신앙 고백에 관하여』(On the Christian Profession),『완전에 관하여』(On Perfection),『동정에 관하여』(On Virginity), 그리고『마크리나의 생애』(The Life of Macrina)를『수덕』(Opera Ascetica)라는 한권의 책으로 편집했다. 이 밖에『모세의 생애』(The life of Moses),『시편의 제목에 관하여』(On the Titles of the Psalms),『전도서를 주제로 한 설교들』(Homilies on Ecclesiastes),『주님의 기도에 관하여』(On the Lord's Prayer),『지복에 관하여』(On the Beatitudes), 그리고『찬가들 중의 찬가에 관하여』(On the Canticle of Canticles) 등과 같은 신비주의적 색채를 띤 저작들은 별도로 다루었다. 그러나 이 글들의 내용이 매우 관련이 깊기 때문에 구별한다는 것이 매우 어렵다. 단지 이들이 갖는 차이점은 두 번째 그룹의 저작들이 성경 본문에서 출발하는 반면에 첫 번째 그룹의 저작들은 여러 개의 항목으로 구성되어 있다는 점이다.

덕으로 완전(perfection according to virtue)은 『모세의 생애』의 주제일 뿐만 아니라, 『완전에 관하여』와 『기독교 신앙 고백에 관하여』의 핵심 내용이기도 하다. 그 밖에도 『모세의 생애』는 찬송가 주석서와 많은 공통점을 갖고 있는데, 이러한 유사성은 각주에서 잘 나타나고 있다. 이 작품들은 모두 같은 시기에 저술된 것으로 보인다. 다니엘(Daniélou)은 『모세의 생애』의 저술 시기를 『찬가에 관하여』(On the Canticle)와 『완덕에 관하여』(On the Perfection), 이 두 책의 중간으로 설정하고 있다. 그러나 예거(Jaeger)는 『기독교 강요』(De Instituto Christiano)이 저술되기 전에 『모세의 생애』가 완성된 것이라고 한다. 그는 그레고리가 쓴 영적 저작 중 『기독교 요리』(De Instituto Christiano)를 가장 완벽한 작품으로 평가하고 있다.

그레고리의 작품에는 같은 사상들이 반복해서 등장하고 있다. 그러므로, 『모세의 생애』가 진정 그레고리 자신의 저술인지에 대해서는 더 이상 언급할 필요가 없다고 생각한다. 그레고리의 영적 저서들 중 몇몇은, 사람들이 그에게 수덕생활(Virtuous Life)에 관한 가르침을 요구할 때 저술된 것이다. 어떤 사본의 결론 부분에서는 『모세의 생애』의 수취인으로서 케사리우스(Caesarius)를 지명하고 있다. 그러나 두 개의 다른 사본은 제목에서 그의 이름을 사용하고 있으며, 또 다른 사본에서는 그를 수도사라고도 했다. 이 밖에 그에 대해서 알 수 있는 것은 아무것도 없다. 그러나 좀더 중요한 것은 공의회나 황제가 그레고리를 기독교 교리의 수호자로서 인정했을 때가 아니라, 소아시아의 수덕주의자들이 그를 영적 생활의 스승으로 인정했을 때 이 책이 저술되었다는 사실이다. 결국, 이 저술은 바질이 조직

한 수도원 운동을 이론적으로 뒷받침하기 위해서 저술되었다고 할 수 있다.

『모세의 생애』는 로고스(logos)의 형태를 갖추고 있다. 즉, 형식을 갖춘 글로서 완덕(Perfection in Virtue)이라는 주제를 다루고 있다. 이 책은 수덕주의자들이 모였을 때 강독할 목적으로 기록된 것 같으며 네 부분으로 구성되어 있다: 제1부 머리말, 혹은 서론; 제2부 역사(history; historia), 즉 성경에 기록된 역사적 사건을 재 서술; 제3부 관상(contemplation; theoria), 또는 성서적 서술의 영적인 의미로서 이 책의 주 목적; 제4부 결론. 그레고리는 역사(historia)와 관상(theoria) 부분에서 교리문답식의 방법을 사용하고 있다.

철학적 전통

철학이 헬레니즘 시대에 종교화되기 시작했으며, 후기 로마시대에 이르러서는 관상적이면서도 수덕적인 성격을 띠게 되었다. 기독교의 금욕주의도 그리스 철학의 명상적인 성격과 직접적으로 관련되어 있다고 볼 수 있다. 그레고리도『모세의 생애』에서 은둔 수도자의 관상을 하나의 위대한 철학으로 이야기하고 있다.

4세기 경에 이르면, 그리스 철학의 전통은 신플라톤주의라고 하는 수정된 플라톤주의가 나타난다. 그레고리는 헬레니즘의 철학적 전통과 매우 밀접한 관련을 갖고 있으며, 역사가들은 그레고리와 철학적 전통과의 이러한 관계를 연구 주제로서 자주 다루고 있다. 왜냐하면 그레고리는 어느 교부들보다도 철학적 신학자로서의 성격을 강하게 갖고 있기 때문이다.

  그레고리는 이방인의 지식 및 철학에 대해서 이중적인 평가를 내리고 있다. 한편으로, 그는 이방 철학의 부적절성과 위험성에 대해서 모질게 비판한다. 그는 이방인들의 지식을 "항상 수고하지만 결코 해산하지 못하는"(II, 11) 것, 즉 완성되지 못한 지식으로 묘사하고 있다. 하나님을 받아들이지 않는 지식은 헛된 지식에 불과할 뿐이다. 이방인의 지식을 어쩔 수 없이 받아들여야 할 경우에는 그 가르침을 나쁘게 사용하려고 하는 유혹을 먼저 물리쳐야 한다(II, 17). 그러나 다른 한편으로, 그레고리는 이방 지식이 갖고 있는 유용성에 대해서 매우 긍정적으로 평가하고 있다. 어린 모세를 넣었던 갈대 상자도 "이방인들의 지식을 이용해서 만든 것이었다"(II, 7). "우리의 덕을 위해서 필요한 것들이 세속적인 교육을 통해서 얻어질 수도 있다"(II, 37). 그래서 "애굽인들의 학문"도 필수적이라고 할 수 있다. 즉, 하나님도 애굽 학문을 습득하라고 명령하셨다. "애굽인들에게서 취한 전리품"이라는 말도 하나님께서 "자유로운 삶 안에서의 정결과 함께 애굽 학문도 충분히 습득하도록 그들에게 명령하셨다는 것을 의미한다"(II, 115). "하나님이 거룩하고 신비스러운 능력으로 인간의 이성을 축복할 때 도덕 철학과 자연 철학, 지리학, 천문학, 변증법 등의 학문들이 모두 유용하게 쓰일 수 있다."

  세속적 교육을 체계적으로 받지 못했다는 사실이 그레고리에게는 행운이었던 것 같다. 그는 형 바질을 통해서 고전 학문을 알게 되었고, 형으로부터 그 기본 지식을 습득했다. 그러나 그는 그 지식에 의해 압도당하지 않았으며, 오히려 나름대로의 방식으로 자신의 지성을 여기에 적용시켰다. 그레고리는 이방 철학이 선한 지식과 그릇

된 가르침을 함께 가지고 있다는 사실에 대해서 언급하고 있다:

> 예를 들면, 이방 철학에서도 영혼의 불멸성을 가르친다. 이것은 경건한 지식의 열매라고 할 수 있다. 그러나 이들은 또한 영혼이 한 육체에서 다른 육체로 전이(轉移)되며, 이때 영혼이 이성적인 본성에서 비이성적인 본성으로 변화한다고 가르친다. 이런 가르침은 이방인이 육체적으로만 할례를 행하는 것처럼 무의미한 것이다. 그리고 이외에도 이와 같은 사례는 많다. 그들은 하나의 신이 있다고 하면서도 그 신을 물질로 간주한다. 즉, 그들은 신을 창조주로서 인정하지만, 창조함에 있어서 신은 물질을 필요로 한다고 말한다. 그리고 신은 선하면서 동시에 권능이 있다고 단정하면서도 신(神)도 그가 관여하는 모든 일에 있어서 운명이라는 필연성에 종속되어 있다고 주장한다(II, 40).

그레고리는 제2권(287f.)에서 중용(中庸)이 덕이라는 아리스토텔레스의 윤리 이론을 적극적으로 지지하고 있다. 물론 그레고리에게 가장 큰 영향을 끼친 것은 플라톤이었다. 그러나 그레고리는 이런 지식들을 그대로 받아들인 것이 아니라, 기독교적 합성(Christian Synthesis)을 위해 변형시켜 이용하였다.

성서 해석의 전통

그레고리는 『모세의 생애』의 두 번째 부분은 히스토리아(historia) 부분 즉, 즉 역사적 서술에서 출애굽기와 민수기에 나타난 모세의 생애를 재 요약하고 있다. 그리고 세 번째 부분은 데오리아(theoria) 부분으로서, 그의 삶에 있어서 중요한 사건을 통하여 영적인 교훈을 주기 위하여 모세의 일생을 재조명하고 있다. 결국, 모세의 생애는 하나님을 향한 영혼의 여정을 나타내는 하나의 상징으로 본다.

그레고리의 저작은 초기의 성경 해석사와 밀접하게 연결되어 있는데, 특히 알렉산드리아의 성경 해석 전통, 그리고 유대교와 기독교의 전통을 이어받고 있다. 다니엘(Daniélou)은 모세의 생애를 역사적 사실로 서술한 히스토리아 부분에서 유대교적인 하가다(haggada)의 특징이 나타난다고 지적하고 있다. 즉, 성경 본문을 교훈적으로 해석한 것과, 자연주의자들이 부정하고 있는 기적적인 사건들을 오히려 강조한 것, 그리고 불경스러운 사건들은 감추려고 하거나 혹은 이것들을 좀더 부드러운 의미로 해석한 것들이다. 그러나 우리의 관심을 끄는 것은 두 번째 부분의 비문자적인 해석, 즉 알레고리적(allegorical) 해석에 있다. 성경 해석에 있어서 알레고리적인 방법은 그레고리의 시대에 매우 발달되어 있었다. 물론 그레고리는 이 성경 해석의 전통을 적용하는 데 있어서 그레고리 자신만의 독특한 방법을 사용했다고 하지만, 우리는 이 전통의 선구자들에게 주목할 필요가 있다.

모세는 유대인과 기독교인들의 사상 안에서 매우 중요한 위치를 차지하고 있는 인물이다. 그레고리에게 있어서 이와 같은 중요한 의미를 갖는 인물은 필로(Philo)였으며, 필로 역시 두 권으로 된『모세의 생애』(The Life of Moses)라는 저작을 남겼다. 필로는 소요학파에서 사용되던 헬레니즘적인 전기 형식을 따라서, 모세의 생애를 전형적인 삶의 본보기로 제시하고 있다. 필로는 제1권에서 모세의 생애를 객관적인 역사적 사건으로만 서술할 뿐 알레고리적 해석은 거의 시도하지 않고 있다. 그리고 여기에서 그는 모세를 왕으로 묘사하고 있다. 반면에 제2권에서는 모세의 과업을 율법 수여자, 제사장, 선지자 등의 세 가지 항목으로 나누어 설명하고 있다. 이러한 필로의 형식을 따라서, 그레고리도 모세의 삶을 먼저 개관하고 난 뒤, 모세의 삶을 영적 생활의 표본으로 제시하고 있는 것이다.

필로는 『모세의 생애』에서 주로 도덕적인 해석을 시도하고 있는데, 이것은 이 저작이 그리스인들을 향한 변증문으로 저술되었기 때문이었다. 그러나 『출애굽기에 대한 질문들』(*Questions on Exodus*)에서는 매우 다른 해석 방법을 시도하고 있다. 즉, "문자적인" 의미를 먼저 제시하고 나서 각 구절에 대한 "좀더 깊은" 의미를 부연하고 있다. 이 저작에서는 특수한 법률 조항들을 『모세의 생애』에서보다 더 많이 다루고 있으며, 이와 함께 우주론적인 관심도 표방하고 있다. 아마도 그레고리는 우주론적인 알레고리적 해석을 거의 하지 않고 있다는 점이 필로와 가장 다른 점일 것이다. 필로는 그의 저작인 『알레고리적인 율법』(*Allegorical Laws*)에서 율법 조항을 소재로 삼지 않고 역사적 사건을 소재로 삼아, 이 사건을 알레고리적으로 해석함으로써 율법 조항을 이끌어 내고 있다. 이러한 예는 유대인들의 하가다(*haggada*)에서도 찾아볼 수 있다. 그러나 그레고리는 오경의 율법 부분에 대해서는 대체적으로 무시하고 있다. 결국, 이를 종합해 보면, 그레고리의 『모세의 생애』는 그 형식에 있어서는 필로의 『모세의 생애』의 체계를 모방했지만, 그 해석 방법에 있어서는 필로의 다른 저작들 속에 나타난 알레고리적인 해석 방법을 사용했다고 할 수 있다. 그러나 이 방법은 그레고리의 교리적인 관심에 의해서 변형

된 것이었다.

필로의 이 해석 방법을 처음으로 발전시킨 사람은 알렉산드리아의 클레멘트(Clement of Alexandria)였다. 그도 역시 "모세의 생애"를 저술했는데, 이것은 헬레니즘적 유대교 전통을 따라서 모세의 일생을 해석한 것으로서, 필로가 쓴 『모세의 생애』의 축소판이라고 할 수 있다. 그러나 방법이나 내용에 있어서 그레고리와 가장 유사한 것은 오리겐에게서 찾아볼 수 있다. 오리겐도 역시 필로의 저작 『창세기와 출애굽기에 대한 질문과 대답』(Questions and Answers on Genesis and Exodus)에서 사용한 방법을 따라 『예레미야 애가 주석』(Commentary on Lamentations)을 저술했다. 즉, 문자적 의미를 먼저 제시하고 난 뒤, "아나고게의 법칙"(Laws of αναγωγη)에 따라 해석한 내적 의미를 여기에 부연시키고 있다. 특히 오리겐의 저작, 『출애굽기에 대한 설교들』(Homilies on Exodus)은 그 해석에 있어서 그레고리와 상당히 일치하는 것을 볼 수 있다. 그레고리는 필로의 "도덕적"(moral), 알레고리적 해석을 받아들였으나, 여기에 머무르지 않고 이 해석을 영적인 삶에 적용시킴으로서 "신비주의"로까지 발전시켰다. 또한, 그레고리는 영적인 해석을 단순히 성례전의 내면화로 이해한 오리겐도 넘어섰다고 할 수 있다.

그레고리가 알렉산드리아 학파의 해석 유형에 속한다는 사실은 그가 사용한 해석상의 용어에서도 나타난다. 그리스 용어에서 "히스토리아"(historia)와 "데오리아"(theoria)는 종종 대조적인 의미로 사용되었다. 예를 들어 오리겐도 "문자적인 해석"(historia)과 "영적인 의미"(theoria)의 구절을 각기 구별하였다. 히스토리아는 문자적인 서술이나 실제적인 사건 기술을 지칭할 때 사용되던 용어였다. 이러한 문자적 의미, 즉 단순한 사실, 또는 문자적인 기술은 알렉산드리아 학파의 학자들이 "역사적인" 서술을 할 때 뿐만 아니라 모든 종류의 문학 형태에서 이 방법을 사용했다. 그러나 데오리아(*theoria*)는 그 의미가 알렉산드리아 학파와 안디옥학파 사이에서 다르게 사용되었다. 안디옥 학파의 입장에서 볼 때, 데오리아는 선지자들의 견해를 의미했다. 즉, 이들은 구약 해석에 있어서 영감을 받은 선지자들이 자신의 시대를 초월하는 전형적인 의미에 대해서 말하는 구절들을 발견했다. 이들은 이러한 예언자적인 진술을 데오리아라고 했다. 이에 반해 알렉산드리아 학파에서 데오리아는 알레고리아(*allegoria*)나 디아노이아(*dianoia*)와 같은 의미로 사용되고 있다. 디아노이아("더 깊은 의미"라는 의미)는 문자적인 글에 숨겨진 의미를 지칭할 때 쓰던 이방적인 언어였다. 그러나 이 단어는 알레고리아(*allegoria*)로 대체되기 시작했으며, 이후 알레고리아는 모든 형태의 비문자적인 해석을 가리키는 용어가 되었다. 특히 그레고리는 문자적 범주에 머무르지 않고 그 범주 너머에 있는 내적 의미를 '통찰'하는 것, 이것을 데오리아라고 부르고 있다. 그러므로 그레고리에게 있어서 이 용어는 문자적 의미를 깊이 관상함으로써 얻은 영적인 의미 자체뿐만 아니라, 그 "영적인 의미"에 이르기 위한 방법까지도 포함한다고 할 수 있다. 그레고리가 데오리아를 이렇게 해석한 것은 비유적 표현을 선호하는 경향 때문이라고 할 수 있으며, 혹은 알레고리적 해석에 대한 안디옥학파의 공격에 대처하려는 것에 기인한다고 할 수 있다. 어쨌든, 데오리아는 알렉산드리아의 키릴(Cyril of Alexandria)에 이르러 완벽하게 알레고리적인 의미를 가진 용어가 되었다.

그레고리는 『모세의 생애』에서 성경의 영적인 의미를 찾기 위해서 사용할 수 있는 몇 가지 기준을 제시하고 있다. 이것은 알렉산드리아학파에서 제기된 것과 같은 기준이다. 즉 "하나님의 계명을 통해서 볼 때, 우리가 어떻게 먹을 것인가 하는 것은 중요한 문제가 될 수 없기 때문에" 유월절 식사에 대한 성경의 기록도 문자 그대로가 아니라 알레고리적으로 해석해서 받아들여야 한다(II, 105). 자신이 보기에 불필요하고 부적절하며, 계시된 율법과 상치된다고 생각되는 구절에서 그는 숨은 의미를 찾으려고 했다. 도덕적으로 이해할 수 없는 성경 구절들은 모두 알레고리적인 의미로 해석되어야 했다. "애굽인으로부터 취한 전리품"이라는 구절 역시 도덕적인 정당성을 결여하고 있다. 그러므로 "문자적인 의미를 그대로 받아들일 것이 아니라 여기에 더 알맞는 숨은 의미를 찾아 내야 한다"는 사실을 이 구절을 통해서도 알 수 있다.(II, 113-115; cf. 이와 같은 해석은 장자들의 죽음으로 인해 애통해 하는 애굽인들에게도 적용되고 있다.II, 91f.) 더욱이 문자적인 의미 그대로 하나님께 적용될 수 없는 구절들은 모두 내적인 의미로 해석되어야 했다. 그리하여, "하나님의 등"이나 "하나님의 얼굴"이라는 표현은 모두 영적인 의미로 해석되었다. 특히 성경에 등장하는 인물들의 주변 상황을 정확하게 기록하는 것이 불가능하다는 사실 때문에, 문자적 의미를 넘어서는 이러한 해석 방법이 더욱 큰 정당성을 갖게 되었다(II, 49). 그레고리는 『모세의 생애』의 서론 부분에서 성경 해석상의 문제점을 제시하고 있다(II, 14). 이로 인해 그가 해석한 영적인 의미는 항상 우발적인 것이었음을 알 수 있다(II, 119).

그레고리는 다양한 해석이 가능한 구절에서는 항상 덕스러운 삶에 도움이 되는 해석을 선택하였다(II, 191). 그래서 그의 해석에서 주류를 이루는 것은 교훈적인 것과 교육에 유용한 것(II, 205), 혹은 사람에게 도움이 되는 충고(II, 301)들이었다. 그러나 그레고리에게 있어서 이것이 전부는 아니었다. 그는 레위인들이 우상 숭배자들을 죽이는 구절에서는 영적인 의미뿐만 아니라, 실제적이고 도덕적인 해석까지도 제시하고 있다(II, 205ff.). 하나님께 나아갈 때 의복에 묻은 때는 중요한 문제가 될 수 없기 때문에, 시내산을 오르기 전에 의복을 깨끗이 하라는 하나님의 명령은 세속적인 욕망을 없애라고 하는 의미로 해석해야 했다(II, 155). 특히 그레고리는 신약에서 구약을 해석하기 위한 근거를 찾을 때, 그리고 구약에서 예수 그리스도의 표징을 찾을 때 알레고리적인 방법을 사용했다.

  그레고리가 비문자적인 해석을 할 때, 단순히 알렉산드리아학파의 전통만을 따른 것은 아니었다. 그는 당시의 기독교인들이 구약을 해석할 때 사용하고 있던 해석 방법도 사용하였다. 특히 이러한 방법은 그리스도와 교회, 그리고 기독교인의 규율을 해석할 때 사용되었다. 이 해석 방법은 이미 신약에서 사용되었으며, 이외에도 사도 교부들과 유스틴(Justin), 이레네우스(Irenaeus)같은 사람들도 이 방법을 사용하였다. 그러므로 이 방법을 어느 한 학파의 전유물이라고 할 수는 없다. 모세는 하나님의 사람으로서, 그리고 그리스도의 모형으로서 기독교 사상 안에서 매우 중요한 위치를 차지하고 있다. 우리는 기독교 문학 속에서 모세의 생애, 특히 출애굽과 관련된 모세의 이야기를 자주 접하게 된다. 이것들은 종종 그레고리가 자신의 저작에서 발전시킨 체계와 매우 흡사한 형식을 갖추고 있다. 그러나 라틴 교부들이 갖고 있는 모세에 대한 관점과 그레고리의 그것과는 매우 다른 것이다. 같은 본문을 해석하는 데 있어서도 그들은 그레고리와 다른 의견을 제시한다. 즉, 그들은 좀 더 실제적이고 도덕적인 문제에 주의를 기울이고 있는 것이다.

그레고리가 전통적인 해석 방법, 특히 알렉산드리아학파의 해석 전통을 도입했지만, 그에게는 새로운 면이 있었다. 특히 그가 이룬 총체적인 종합은 독창적이라고 할 수 있다. 비록 소재와 방법은 빌려 온 것이었지만, 그 결론적인 성과는 전혀 새로운 것이었다. 그리고 그레고리는 자신의 해석보다 더 유용한 해석이라면 무엇이든지 수용하는 사람이었다.

영성 생활의 본질

그레고리의 영성 신학이 최근에 들어서 주목을 받고 있다. 『모세의 생애』는 그의 기독교 영성에 있어서 매우 중요한 형태이다.

그레고리는 사소한 인간사에서 물러나 있는 모세의 모습을 강조하고 있다: 미디안 광야에서의 피난 시절 "그는 시끄러운 시장에서 멀리 벗어나 산에서 홀로 살았다"(I, 19); 시내산에서는 백성들을 뒤에 남겨 두고 홀로 "용감하게 어둠 속으로 나아갔다"(I, 46). 그러나 그는 여기에서 그치지 않고, 봉사하기 위해서 사회 속으로 되돌아가야 한다고 말한다. 모세는 미디안 광야에서 고된 훈련을 받았기 때문에 이스라엘 백성들의 목소리를 들을 수 있었다(II, 55). 그리고 칠흑같은 어둠 속에서 하나님을 만난 모세는 그가 체험한 "하나님의 경이로움을 백성들과 나누기 위해서 산을 내려왔다"(I, 56). 관상적인 철학은 반드시 실천적인 철학과 결합되어야 한다(II, 200).

수덕정신이 강조되고 있다. 왜냐하면, 수덕생활은 "엄격함과 단호함"을 필요로 하기 때문이다(II, 2). 그러므로 수덕은 이방 학문보다 "더 위대한 철학"이라고 할 수 있다(I, 19). 그레고리는 성막의 덮개가 곧 수덕과 고행의 삶을 상징하고 있다고 했으며(II, 187), 수덕생활이 교회를 아름답게 만든다고 생각했다.

이 작품에서 자주 등장하는 주제는 정념(passions)의 억제이다. 그는 악이 처음 생겨날 때 이것을 확실하게 없애는 것 외에는 애굽적인 삶에서 벗어날 수 있는 길이 없다고 주장한다(II, 90). "왜냐하면 처음에 생긴 악을 없애면, 이와 동시에 뒤따라올 악까지도 없앨 수 있기 때문이다"(II, 92f.). 또한 하나님의 시내산 현현(顯現)을 준비하기 위해서 의복을 깨끗이 하고, 동물들이 산에 가까이 가지 못하게 한 것들도 영혼과 육체를 흠 없이 하고 육체적인 감각들을 억제하는 것으로 설명함으로써(II, 154, 156), 도덕적인 해석을 제시하고 있다. 질투, 교만, 쾌락 등은 영적인 삶을 방해하는 것으로 여겨졌으며, 여기에 대해서는 마지막 부분에서 구체적으로 언급하고 있다.

종교적인 덕은 하나님을 아는 지식과 올바른 행위를 통해서 이룰 수 있다(II, 166). 특히 믿음과 소망, 그리고 선한 양심을 강조하고 있다. 모세의 지팡이는 모세를 이끌었던 "믿음의 말씀"을 상징한다(II, 36). 그리고 이스라엘 지파의 깃대는 "소망의 메시지"를 의미한다(II, 108). "하나님께 전달되는 목소리는 단순한 외침이 아니라, 순수한 양심에서 우러나오는 관상을 통해서 나온다"(II, 118). 그레고리는 제사장의 예복을 해석할 때도 도덕적인 해석을 하고 있다(II, 189-201).

이 작품이 갖고 있는 이런 특성에도 불구하고, 최근의 연구 경향은 『모세의 생애』가 그레고리의 "신비주의"를 대표하는 작품이라고 보고 있다. 그러나 이들이 "신비주의"라는 용어를 정확하게 정의하지 못하고 있다는 것과, 그레고리가 영향을 받은 철학적 전통을 생각해 볼 때, 신비주의보다는 오히려 그의 "영성"을 강조하는 것이 더 타당하다고 생각된다. 물론 "신비주의적인" 경향을 띤 구절들(특히 시내산에서의 모세를 묘사함에 있어서)이 있는 것도 사실이지만, 그러나 그레고리의 주된 관심은 윤리적 덕이 무엇이며, 하나님께 도달할 수 있는 영혼의 본질은 어떤 것인가에 있었다. 그리고 이러한 관심은 데오리아(theoria)의 끝부분에서 확실히 알 수 있다:

> 진실로 하나님의 형상을 지닌 사람, 그리고 그 신적 형상으로부터 벗어나지 않는 사람은 구별 가능한 표징을 갖고 있으며, 모든 일에서 그가 하나님과 함께 하고 있다는 것을 입증할 수 있다: 그는 더럽혀지지도 않고 변하지도 않는 것으로 자신의 영혼을 아름답게 만들고, 결코 악을 용납하지 않는다(II, 318).

그레고리가 주장하는 영성의 절정(絶頂)이란 곧 "하나님을 따르는 것"이었다(II, 259-252). "하나님의 음성을 기다리고, 그의 뒤를 쫓아가는" 사람은 하나님의 진실 된 종이라고 할 수 있다. 그러나 하나님께 나아갈 수 있는 다른 방법들—기도, 묵상, 말씀 듣기—에 대해서는 거의 언급하지 않고 있는 것도 주목할 만한 사실이다. 오로지 그의 관심은 넓은 의미의 도덕적인 자질에 있었다.

그레고리는 이 작품에서 자신의 영성 신학의 체계를 밝히고 있다. 인간은 하나님의 형상(거울)으로 창조되었다(II, 47, 318). 그러나 타락으로 인해서 이 형상은 더럽혀졌다(II, 45). 이런 인간 본래의 형상을 회복시켜 주기 위해서 그리스도께서 인간이 되셨다(II, 30, 175). 회심은 하나님의 본성을 나타낼 수 있는 능력을 갖는다(II, 47, 207, 214ff.). 그 후 인간은 하나님의 무한성에 다다를 때까지 하나님의 모습을 닮아가는 변화의 길을 계속 걷는다(II, 225f., 238f.); 그렇게 인간은 하나님의 성품에 더욱 참예하게 된다(I, 7; II, 62).

우리는 『모세의 생애』에서 가장 두드러진 가르침, 즉 이 작품 전체에서 주장되고 있는 주제가 바로 영원한 성장의 개념이라는 것을 알게 되었다. 고대인들은 행위 안에서의 완전성을 주장했다. 그러나 그레고리는 후기 스토아학파의 도덕주의자들처럼, 이러한 의미의 완전성은 불가능하다고 생각했다. 필로와 오리겐도 영적인 삶을 단계적인 생활로 묘사했지만, 그레고리는 이 단계를 더욱 발전시켜 완전으로까지 이끌고 나아갔다. 이와 비슷하게 그레고리 나지안주스(Gregory Natianzus)도 하나님을 향한 끝없는 여정을 무한한 성장의 개념으로 표현했다.

영원한 성장이라는 주제는 이 책의 서문에서도 언급되고 있다(I, 5-10). 그레고리는 하나님의 무한성을 설명하던 방식으로 덕을 설명하고 있다: "자신이 추구하는 것이 끝이 없다는 것을 발견한 사람이, 어떻게 그 완성(끝)에 도달할 수 있겠는가?" 왜냐하면 "완전함이 가지고 있는 한 가지 한계는 바로 그 완전함이 끝이 없다는 사실이기 때문이다." 진실로 덕을 향한 여정에는 끝이 없다(I, 5-6 ; cf. II, 242). 완전함에는 끝이 없으며, 따라서 완성될 수도 없다: 그러므로 완전함은 다시 정의되어야 한다: "인간 본성의 완전함이란 선 안에서의 성장 과정 자체이다"(I, 10). 그레고리는 영원한 성장이란 주제를 하나님의 무한성과 연결시켜 설명하고 있다(II, 219-248). "하나님을 향한 성장을 멈출 수 있는 끝(완성)이란 있을 수 없다. 왜냐하면 선이란 끝이 없기 때문이며, 또한 선에 대한 욕구가 충족될 만큼의 끝도 없기 때문이다"(II, 239). 모세가 자신의 과업을 완수했을 때마다 느낀 진리란, 한 가지 과업을 완성하고 나면 계속해서 새로운 과업이 눈앞에 펼쳐진다는 것이었다. "덕을 향해 나아가는 고된 노력을 통해서, 우리는 성장할 수 있는 능력을 부여받게 된다"라고 확신한다(II, 226). 모세는 "항상 자신이 도달한 것보다 더 높은 단계를 추구했다"(II, 227). 하나의 덕을 이루고 나면 더 높은 덕을 성취할 수 있는 능력을 얻게 된다. 육체는 만족감을 느낄 수 있지만, 영혼은 그렇지 않다(II, 59ff., 230). 그러나 이러한 끊임없는 성장 안에서는 만족감을 전혀 느낄 수 없다는 의미는 결코 아니다. 비록 하나님의 본성에 참여하려는 인간의 욕망에는 끝이 없다고 하더라도(II, 230, 238), 이것은 끊임없이 일어나는 육체적인 욕망과는 전혀 다른 차원의 것이다(II, 59ff.). 덕을 향한 성장은 선 안에 굳건히 설 때 이룰 수 있다(II, 243). 그것은 헛된 노력과는 전혀 다른 것이다; 마치 모래 언덕을 오르는 사람과 같이, 헛된 노력은 어떤 성장도 이룰 수 없기 때문이다(II, 244). 그레고리는 서문(I, 5)과 본론(II, 225) 부분에서 빌립보서 3:13을 인용하고 있는데, 이것은 인간은 계속해서 더 높은 덕으로 나아가야 한다는 사실을 설명하기 위해서였다. 결론 부분에 이르러 그레고리는 자신의 주제를 한 번 더 강조한다. 즉, 이 세상에서 인간에게 유용한 오직 한 가지 완전함은, 완전함을 향한 성장 과정 안에서만 찾을 수 있다는 것이다(II, 305-314): "보다 선한 것을 향한 끊임없는 발전 과정이 바로 영혼이 완전함을 이루는 길이다."

비록 그레고리가 성경에 기록된 사건의 순서를 따르지만, 이러한 사실을 절대적으로 받아들여서는 안 된다. 왜냐하면, 모세의 생애가 영적 경험의 과정이라는 도식화된 틀에 꼭 맞도록 만들어진 것은 아니기 때문이다. 영적인 성장 과정에서 볼 때, 뒤의 사건이 앞의 사건을 논리적으로 앞서기도 한다. 그리고 삶의 경험이 어떤 체계화된 형식으로 압축될 수는 없는 것이다. 모세의 삶은 그 순서 때문이 아니라, 새로운 것을 향한 끊임없는 전진 때문에 전형적인 삶의 모범이 될 수 있었다.

비록 그레고리가 오리겐에게서 많은 것을 배웠다고 하지만, 그레고리에 의해서 알렉산드리아 학파의 영성에 중요한 변화가 초래된 것도 사실이다. 즉, 그레고리에게 와서는 그 목적이 달라졌다: 그리스적 체계에 기반을 두었던 오리겐은 "정적인 합일"(static unity)을 추구했던 반면, 그레고리는 "끊임없는 성장"을 추구했다. 브룩스 오티스(Brooks Otis) 역시 두 영성가 사이의 중요한 차이점을 인식했다. 만약 오리겐의 저작 『아가에 대한 설교들』(Homilies on the Song of Songs) 혹은 『민수기에 관한 설교 27』(Homily on Numbers)과 『모세의 생애』를 비교해 본다면, 두 영성가들 사이의 차이점을 확실히 인식하게 될 것이다. 즉, 오리겐이 "유혹과 죄의 가능성이 도처에 편재해 있다."는 생각에 사로잡혀 있었다면, 그레고리는 구원받고 축복을 입은 사람들의 무죄한 삶에 대해서 관심을 기울이고 있었다. 이것은 과장된 것인지도 모르지만, 두 사람 모두 기독교적 관점의 한 부분만을 강조했다는 사실을 지적해 준다. 한 사람은 성장의 개념을, 또 한 사람은 죄가 가진 능력의 인식을 강조했던 것이다.

그레고리의 "완전주의"(Perfectionism), 혹은 신학적인 용어로

"신인협력설"(Synergism)이라는 사상은 그리스 전통에서 유래된 것으로서, 동방교회 신학에서도 그 흔적을 찾아볼 수 있다. 그러므로 동방교회의 후기 영성에서 "영원한 진보"의 개념을 연구해 보는 것도 매우 유익할 것이다. 베르너 예거(Werner Jaeger)도 마카리우스와 동방교회의 영성 생활에 미친 그레고리의 영향에 대해서 설명하고 있다.

교리적 주장들

그레고리가 『모세의 생애』에서 자신의 교리적 이론을 거의 밝히지 않았지만, 그의 사상 전체와 관련이 있는 주목할 만한 교리를 추출해 낼 수는 있다.

하나님: 그레고리의 영적 교훈은 자신의 신학에 기초를 두고 있으며, 그의 영성의 기본을 이루는 교리가 바로 하나님의 무한성(divine infinity)이다. 그레고리는 『모세의 생애』의 첫 부분에서, 하나님은 절대적인 선이시며, 절대적인 덕이라고 정의한다. 선은 자신과 대조되는 것에 의해서 정의되지만, 하나님의 본성은 자신과 대조되는 그 어떤 것도 허락하지 않는다(I, 7). 이것으로 그는 끝이 없으며 무한하다는 것을 알 수 있다.

그레고리는 『모세의 생애』 중 가장 중요한 세 부분에서 자신의 신론(神論)을 피력하고 있다. 불 붙은 떨기나무(II, 22-26), 시내산에서의 율법 계시(II, 162-166), 그리고 하나님 보기를 간구함(II, 221-

222). 하나님은 진실로 존재 그 자체이시다. 왜냐하면, 그는 유일하게 스스로 존재하는 자이기 때문이다: 그 밖에 다른 모든 것들이 존재하기 위해서는 그에게 의존해야 한다. 그리고 하나님은 충만 그 자체(all-sufficient)이시다; 그에게 참여할 때만 다른 것들도 존재할 수 있다(II, 23-25). 무한한 하나님은 우리의 눈으로 볼 수 없으며 이해할 수도 없다(I, 46). 그는 인간의 모든 인식적 사고와 표현을 초월한 존재이며, 모든 감각적 지식과 지성적 인식을 넘어선 존재이므로 그를 안다는 것은 궁극적으로 불가능하다(II, 162-165, 234f.). 하나님의 본성에는 끝이 없다(II, 236-238). 그러므로, 인간은 끊임없이 하나님을 따름으로써 부분적으로 하나님을 체험할 수 있을 뿐이다; 하나님을 안다는 것은 그가 알 수 없는 존재라는 것을 아는 것이다. "하나님이 어디로 인도하든지 그를 따르는 것이 곧 하나님을 보는 것이다"(II, 252). "이것이 진실로 하나님을 보는 것이다: 하나님을 보고자 하는 갈망 안에서 만족해서는 안 된다"(II, 239 ; cf. 234).

그리스도: 그리스도에 대한 그레고리의 해석에서 중요한 주제들은 성육신과 동정녀 탄생, 그리고 그리스도의 두 본성에 관한 것들이다. 그는 모세의 이야기에서 성육신을 상징하는 여섯 가지의 표상을 발견한다: 불 붙은 떨기나무(II, 20f.), 모세의 지팡이가 뱀으로 변한 것(II, 26-27, 31-34), 모세의 손에 문둥병이 발한 것(II, 26-30), 만나(II, 139), 성막(II, 174), 그리고 돌판(II, 216). 그레고리는 이러한 표상들을 통해서 마리아의 동정성(II, 21), 그리스도가 인간에게서 출생한 것이 아니라 이미 창조되어서 선재하셨다는 것(II, 175f.), 그리고 우리들을 위해서 그리스도가 우리의 본성을 입고 죄인이 되셨다

는 사실을 강조하고 있다.

그러나 그레고리가 성육신을 강조한 나머지 십자가를 경시한 것은 결코 아니었다. 그레고리는 성경에서 십자가의 표징들도 발견하고 있다. 즉, 모세가 애굽에 만연해 있던 전염병을 고치기 위해서 기도할 때(II, 78), 그리고 아말렉 군대에 대항하고 있는 이스라엘 백성을 위해서 기도할 때(II, 150f.), 그가 뻗은 팔 안에서 십자가를 발견했으며, 마라의 물을 달게 만든 나뭇가지(II, 132)와 여호수아가 가나안에서 가져온 포도송이(II, 267f.), 그리고 구리로 만든 뱀(II, 273)을 통해서 십자가를 발견했다. 더욱이 붉게 칠한 외벽과 성막에 사용된 짐승의 가죽은 그리스도의 수난의 피와 죽음을 상징하는 것으로 받아들였다(II, 183). 그러나 놀랍게도 그레고리는 유월절을 해석할 때 그리스도의 고난에 대해서는 확실하게 언급하지 않는다(II, 103, cf. 98, 102). 아마도 이것은 그레고리가 언급한 십자가의 표징들은 전통적인 것으로서 이미 통용되고 있었던 반면에, 성육신의 표징들은 그레고리만의 독창적인 것이었다는 사실을 말해준다고 할 수 있다.

성령과 천사들: 그레고리가 당시의 교리 논쟁에서 성령의 신성을 확립시키는 데 있어서 중요한 역할을 했다는 사실을 고려해볼 때, 성령에 대해서 거의 언급하지 않고 있다는 것, 신학적인 교리로서 내세울 만한 성령에 대한 체계적인 해석도 없다는 것은 매우 놀라운 일이다. 처음에 성령은 성육신을 이루는 수단이었으며(II, 216), 지금은 "은총을 부여하는 수단이 되었다"(II, 187). 그레고리는 이스라엘 백성들을 인도했던 구름을 성령으로 해석했으며(II, 121), 성막 안에 있는 등불은 성령의 빛을 의미한다고 설명했다(II, 181). 하나님의

백성들을 돕는 역할을 맡은 것이 천사들이다. 그래서 천사들은 의로운 자들을 돕기 위해서 악과 싸우고 있다고 말한다(II. 51, 45). 그리고 사람의 영혼이 그런 것처럼, 천사들도 육신을 갖고 있지 않는 비물질적인 존재들이다(II, 51). 천사들은 다양한 계급적 기능을 가지고 있으며, 이 기능들은 성막의 구조를 통해서 설명될 수 있다(II, 179f.)

인간과 영혼: 창조 당시의 인간 본성은 완벽했으며 불멸하는 존재였다(II, 215). 그러나 이러한 인간 본성이 죄를 짓게 되었다(II, 45). 인간이 하나님의 의지에 불순종하는 순간에, 인간에게는 "죽음이 부과되고 세상적인 육체"가 덧입혀졌다(II, 22). 그래서 인류는 죽을 수밖에 없는 감각적인 존재가 되고 말았다. 인간의 타락으로 인해 부여받은 육체는 계속해서 타락의 방향으로 나아가게 되지만, 반면에 비물질적인 영혼은 하나님을 향한 추구가 저지당하지만 않는다면 계속해서 그를 향해 전진할 수 있다(II, 224f.).

육체를 부여받은 영혼은 세 부분 즉, 이성적인 부분과 영적인 부분, 그리고 육욕적(appetivity)인 부분으로 구성되어 있다(II, 96, 123). 육욕적인 부분은 세상적인 욕망으로 가득 차 있으며, 이것은 결코 만족되지 않는다(II, 60f.). 그럼에도 불구하고 이것은 전적으로 나쁜 것만은 아니다. 왜냐하면, 이것도 이성적으로 나아가 이를 지원하기도 하기 때문이다. 영혼의 이성적인 부분이 육욕적인 부분과 영적인 부분을 모두 지배하고 있기 때문에, 영혼이 건전하게 활동하도록 하기 위해서는 이성적인 부분을 반드시 통제해야만 한다. 이 책에서 그레고리는 도덕적인 충고를 거듭 반복하고 있다. 즉, 이성적인 부분이 올바르게 기능할 수 있도록 욕망과 감정을 조절하고 통제할 필요가 있다는 것이다. "영혼의 모든 활동은 이성의 의지에 의해서 인도된다"(II, 18).

자유 의지와 하나님의 협력: 『모세의 생애』에서 또 하나의 근본을 이루는 사상은 인간이 지닌 선택의 자유이다. 데오리아는 다음과 같은 가르침으로 시작된다: 어떤 의미에서 우리는 자신이 곧 원인이라고 할 수 있다. 즉, "우리는 자신의 자유 의지를 통해서 우리가 바라는 것을 행할 수 있기 때문이다"(II, 3). 하나님의 섭리로 인해서 타락한 인간은 자신을 돕는 천사와 타락으로 유혹하는 악마 사이에 놓여 있게 되었다(II, 45f.). 이처럼 중간에 놓여 있기 때문에, 인간은 자기가 따를 상대를 선택할 수 있고, 자신이 선택한 상대에게 복종하게 된다. 그러나 그레고리는 자신의 이런 견해와 모순이 되는 성경 구절을 해석해야 했다. 즉, 하나님이 바로의 마음을 강퍅하게 하셨다는 구절이다(II, 73-88). 여기에서 그는 최초에 하나님으로부터 멀어진 것은 인간이었다고 주장한다. 즉, 인간이 먼저 하나님을 멀리 떠났다는 것이다. 하나님은 인간에게 똑같은 감화를 주신다: 그러나 똑같은 감화라고 하더라도 어떤 사람 안에서는 선한 방향으로 움직이게 되고 다른 사람 안에서는 악한 방향으로 기울어지게 된다. "인간은 자신이 선택한 본성을 갖게 되며, 빛이나 어둠의 원인도 스스로 선택한 것이다. 왜냐하면 우리는 무엇이든지 원하고 행할 수 있는 영역 안에 놓여져 있기 때문이다"(II, 80). "똑같은 장소에서도 어떤 사람은 악하고 또 어떤 사람은 악하지 않다. 이렇게 구별되는 것은 그들이 서로 다른 선택을 했기 때문이다. 그러므로 자신의 자유로운 선택 없이도 악해질 수 있는 사람은 없다는 사실이 명백해진다"(II, 88).

그레고리는 이렇게 인간의 자유 의지를 강조하면서도 하나님의 개입, 즉 하나님의 협력도 중요시 한다. 즉, 하나님은 덕을 향해서 첫 발을 내딛은 영혼을 도와주신다. 성령은 합당한 사람을 선한 방향으로 인도해 준다(II, 121). "하나님은 고귀한 삶을 살려고 노력하는 사람들을 도와주신다"(II, 44).

세례: 그레고리는 전통적인 해석에 따라 홍해를 건너는 사건을 세례의 표징으로 해석했다(II, 124-129). 그리고 세례가 악의 세력에 대한 승리를 의미한다고 설명했다. 노예 상태에 있던 사람이 물 폭군을 익사시킨 셈이었다. "구속적 세례"(saving baptism)를 통해서 욕망들이 사라진다. "신비스러운 물"은 적을 죽이고, 하나님의 친구들에게는 생명을 가져다 주었다. 그러나 그레고리는 물 속에서 마술적인 변화가 일어나지 않는다는 사실을 잘 알고 있었다. 그는 세례를 통해 자유하는 삶을 살게 된 사람들도 계속해서 욕망을 갖게 된다고 생각했던 것이다. 또한 그는 신실한 사람도 정욕을 품을 수 있다는 사실에 대해서 경고하고 있다(II, 277). 그래서 그레고리는 세례를 받은 사람을 "죄의 더러움을 씻은 사람", "은총을 받은 사람", 그리고 "값없이 주시는 선물을 나눠 가진 사람"으로 묘사하고 있다.

보편적 구원: 아포카타스타시스(*apokatastasis*), 즉 만물이 하나님께 회귀한다는 사상도 이 작품에서 분명하게 언급되어 있다. 그는 애굽인들이 삼일 동안 암흑 속에 갇혀 있다가 빛을 다시 보게 된 사

건을 최후의 회복으로 해석하고 있다. "이 최후의 회복은 사람들이 게헨나(Gehenna)에서 심판을 받고 난 후에 베풀어질 것이다"(II, 82). 이방인들의 방식대로 살아온 사람들은 불의 심판을 받게 될 것이다(II, 83). 그러나 이 심판이 결코 영원한 것은 아니다. 모세가 뻗은 팔이, 곧 "이 심판으로부터의 구원과 고통의 치유를 상징하고 있기 때문이다"(II, 84).

성서: 자신의 영적 이론에 대해 성경 본문을 증거로 제시하는 것이 그레고리 후기 저작의 특징이라고 할 수 있다. 『모세의 생애』 전체가 성경 본문에 기초를 두고 있을 뿐만 아니라, 영적인 해석에 있어서도 가능한 모든 곳에서 성경적인 증거를 제시하고 있다. 이러한 이유 때문에, 이 책에서도 성경 구절을 자주 인용하고 있다. 또한 그는 서문에서 "이 문제에 있어서 성경을 나의 조언자로 사용하는 것이 옳다고 생각한다."라고 밝히고 있다(I, 11). 선지자나 사도들은 하나님의 메시지를 전달하기 위해서 사용된 도구에 불과했다(II, 159). 이 작품은 성경이 곧 하나님의 말씀이라고 믿는 확신으로 가득 차 있다. 성경은 성령의 영감으로 쓰여 졌기 때문에, 성경을 해석하는 데 있어서 성령의 인도는 필수적이라고 할 수 있다(II, 173).

교회 생활

그레고리는 본 저작에서 당시의 교회 생활에 대해서 많이 언급하고 있지는 않지만 매우 깊은 의미를 담고 있다. 그레고리는 4세기 말,

기독교가 국교로서 공인된 시기에 이 글을 저술했기 때문에, 당시에 있었던 개종자들의 모습도 묘사하고 있다(II, 203). 그는 이런 개종자들 대다수가 신실치 않으며, 진실 된 기독교인으로 성장하지도 못한다는 것을 알았다. "오늘날 복음으로 개심한 많은 사람들이 아직도 원수의 유혹을 받고 있다"(II, 56f.; cf. 127f.).

또한 그레고리는 4세기에 교회의 교리를 위협했던 이단들에 대해서도 언급하고 있다(II, 16, 161, 218). "진리의 지배"를 거부하는 사람들이 권력을 잡게 되자, 그레고리는 교리 논쟁에서 물러나 은퇴할 결심을 했다.

그레고리는 감독이라는 자신의 위치가 영향력이 있다는 것을 알고 있었으며, 이 감독직을 아버지와 같은 역할로 이해했다(I, 2). 그의 전임자들은 모두 "교부들"이었으며(II, 13), 그의 임무는 "규율과 관습"을 가지고 교회를 성장시키는 것이었다(II, 12). 성경에서 확실한 가르침을 찾을 수 없을 때에는 "교부들의 전통"을 기준으로 삼아 진실 된 교리와 그릇된 가르침을 판별해야 했다(II, 45).

그레고리는 당시에 교회의 사제직에 대항하는 이단들이 있었다는 사실을 말해준다. 모든 사람들이 다 성직자가 될 수는 없으며, 성경을 배우고 그것을 회중들에게 가르칠 수 있는 사람을 선발해야만 한다(II, 160).

모세가 미디안 광야로 피신했다가 해방의 메시지를 가지고 돌아온 것은, "대중들을 가르칠 수 있는 영적 훈련을 갖추지 못한 사람들은 대중 앞에서 말씀을 선포해서는 안 된다는 것을 의미한다"(II, 55). 그러나 여러 경우에 있어서, 성직자라는 이름을 사칭하는 이기적이고 야망에 눈이 어두운 사람들을 보게 된다(II, 279). 그들은 사치스러운 생활을 추구하면서도 사제로서의 훈련은 받아들이려 하지 않는다(II, 286).

그레고리는 사제로서의 자격도 없는 사람이 주제넘게도 그 자리에 앉아 있다는 사실을 비판하고 있다. 이 비판은 그레고리 자신의 체험을 반영하는 것처럼 보인다(II, 283).

그레고리는 성막에 대한 해석(II, 184-188)을 통해서 교회의 체계를 설명한다. 교회의 기둥은 사도들과 선생들(가르치는 자들), 그리고 선지자들로서, 이들은 사람들에게 하나님의 빛을 전달하는 자들이다. 성막에서 드린 제사는 찬양을 의미하며, 분향은 기도를 상징하는 것으로서, 이것들은 하나님께 매일 바쳐야 한다. 성막에 놓인 물그릇은 세례를 베푸는 사람들을 의미한다. 그리고 성막의 안마당은 신자들의 화합과 사랑, 그리고 평화를 의미한다. 특히 교회는 수덕적인 생활을 통해서 아름다워진다. 그리고 붉게 물들인 짐승 가죽과 털로 만들어진 성막의 덮개는 이러한 수덕적인 삶을 상징하고 있다.

그레고리에게 있어서 구약의 가치

그레고리에게 있어서 구약의 가치는, 그것이 덕의 모범을 제시한다는 점에 있었다. 그래서 그는, "성경은 우리들에게 노아가 의로운 자였으며, 아브라함은 신실한 자, 모세는 온유한 자, 다니엘은 지혜로운 자, 요셉은 순결한 자, 욥은 흠 없는 자, 다윗은 위대한 영혼을 가진 자였음을 가르쳐 준다."라고 말하였다. 또한 그는 멜레티우스(Meletius)에 대한 공식적인 찬사에서도 멜레티우스가 다윗의 관대함과 솔로몬의 지혜, 모세의 선함, 사무엘의 신중함, 요셉의 순결, 다니엘의 현명함, 엘리야의 열심을 다 갖추고 있다고 칭찬하였다.

『유노미우스에 대항하여』(*Against Eunomius*)라는 저술에서는 아브라함을 묘사할 때 사용된 용어들이 모세를 묘사할 때도 사용되고 있다. 아브라함은 지혜와 철학에 있어서 다른 사람보다 뛰어났다. 아브라함의 이주는 단순한 지리적 이동이 아니었다: 그는 하나님께 더 가까이 가기 위해서 자신의 인간적인 능력을 확대시키려 했던 것이다. 그는 새로운 발견을 또 다른 전진을 위한 디딤돌로 만들어 가면서, "다가올 미래를 위해 열심히 노력했다"(빌 3:13『모세의 생애』의 중심 구절). 아브라함은 모든 감각적 욕망을 뒤로 하고 믿음을 앞세움으로서, 그가 이전에 알았던 어떤 신보다도 하나님이 더 위대하고 숭고하다는 사실을 알게 되었다. 스데반을 찬양하는 글 중에서도 아브라함과 모세를 영적인 모범으로서 제시하고 있다. 그러나 이 글에서는 아브라함보다는 모세에 관해서 더 많이 언급하고 있다는 사실이 특징적이다.

그레고리의 저서들에서는 모세가 겪은 사건들을 덕의 전형으로 제시하고 있다. 그리고 모세의 삶과 함께 그가 거둔 영적인 승리에 대해서도 거듭 강조하고 있다. 한 구절에서는 하나님에 대한 모세의 경험을 세 가지 단계로 묘사하고 있다: ① "모세를 향한 하나님의 현현(顯現)이 빛을 발하기 시작하는 단계; ② 하나님이 구름 속에서 모세에게 말씀하시는 단계; ③ 모세가 좀 더 성숙하고 완전해졌을 때 어둠 속에서 하나님을 볼 수 있게 된 단계였다."『모세의 생애』가 아닌 다른 작품에서 그레고리가 모세의 삶을 어떻게 서술했는지 살펴보는 것도 가치가 있다고 생각된다. 왜냐하면, 그런 구절을 살펴봄으로써, 『모세의 생애』의 개관을 짐작할 수 있을 뿐만 아니라, 이 작품의 주제가 이미 그레고리에게는 중요한 주제였음을 알게 되기 때문이다.

그렇게 뵙기를 갈망했던 여호와의 얼굴이 모세의 옆을 스쳐 지나갔다. 이 율법 수여자(모세)의 영혼은 자신을 인도하는 말씀을 따라 계속해서 앞으로 나아갔다. 모세가 도달했던 그 덕의 높이를 누가 모르겠는가? 그러나 그는 항상 더 높은 것을 추구했으며, 결코 전진을 멈추지 않았다. 그리스도를 위하여 받는 능욕을 애굽의 보화보다 더 큰 재물로 여기고, 잠시 죄악의 낙을 누리는 것보다 하나님의 백성과 함께 고난 받기를 원했을 때, 그의 성장은 이미 시작되었다(히 11:25).

애굽 사람이 히브리인을 핍박할 때 그의 동족을 위해서 싸우다가 애굽인을 죽였지만, 이때 그는 또 한번 성장할 수 있었다. 독자들은 이 이야기의 영적 의미를 확실히 감지했을 것이다. 모세는 광야에서 은둔자로서의 철학적인 삶을 살아감으로써 한 번 더 자신을 고양시켰다. 이후로, 그의 눈에는 떨기나무에 붙었던 불꽃이 비춰졌으며, 그의 귀는 생명의 광선과도 같은 하나님의 말씀으로 채워졌다. 거기에서 그는 죽은 가죽과도 같은 쓸모없는 신발을 벗어 버렸다. 그는 지팡이로 애굽 사람의 뱀을 죽였고, 그의 백성들을 바로의 폭정으로부터 구원해 냈다. 마라의 물을 달게 만들었으며, 바위를 때려 물을 얻었고, 천사들이 먹는 양식(만나)을 먹었다. 그는 불을 내뿜는 산, 그 산의 정상에서 나팔 소리를 들었을 때, 구름 밑으로 들어가 하나님이 계시는 어둠 속으로 나아갔다. 거기에서 그는 약속의 말씀을 받았으며, 그때 그의 얼굴이 해처럼 환하게 빛났기 때문에 아무도 가까이 갈 수 없었다. 진실로, 어느 누가 모세의 성장과 그가 체험한 하나님의 현현을 모두 다 말할 수 있겠는가?

그럼에도 불구하고 이 사람, 즉 그토록 놀라운 축복을 받았던 이 사람은 여전히 만족하지 않았다. 이미 하나님께서 모세와 더불어 얼굴과 얼굴을 대면하는 것처럼 대화하셨다고 성경이 증거했음에도 불구하고, 그는 여기에 만족하지 않고 얼굴과 얼굴을 대면하여 하나님을 볼 수 있게 되기를 갈구했던 것이다. 하나님이 친구를 만나 얘기하듯 가깝고 친근하게 모세와 대화했다고 하더라도, 이것이 더 나은 성장을 향한 모세의 갈망을 멈추게 할 수는 없었다. 더구나 그는 이렇게 말하였다. "내가 참으로 주의 목전에서 은총을 입었다면, 내게 주를 알게 하소서"(출 33:13). 이런 그의 요구를 하나님께서 들어 주셨다. 하나님은 그에게 "내가 그 누구보다도 너를 먼저 알았다"(출 33:17)고 말씀하신 뒤, 바위틈에 있는 모세의 얼굴을 가리고 그의 옆을 지나가셨다. 그래서 모세는 하나님이 지나가신 뒤 그의 등만을 볼 수 있었다. 내가 보기에, 하나님 보기를 갈망하는 사람들은 항상 그의 뒤를 따라감으로써 그를 만나게 된다는 진리를 성경이 가르치고 있다고 생각된다. 하나님의 얼굴을 관상한다는 것은 곧 그의 말씀을 쫓아가는, 끝없는 여행이라고 할 수 있다.

『모세의 생애』의 번역서들

"닛사의 그레고리의 사상과 표현들은 종종 번역가들로 하여금 낙심하게 만들었다." 『모세의 생애』 또한 예외는 아니었다. 그러나 기독교 영성의 발전 과정에서 그레고리가 차지하는 위치가 새롭게 부각되면서, 『모세의 생애』 또한 관심을 끌기 시작했다.

미그네(Migne)에 의해서 출판되었던 『모세의 생애』 라틴어판이

15세기 말경 조지(George of Trebizoned; 1395-1484)에 의해서 재출판되었다. 이 라틴어판은 당시의 조악한 사본 전통을 반영하는 것으로서, 그레고리에 대한 잘못된 평판을 개선시키는 데 아무런 영향도 끼치지 못했다. 『모세의 생애』의 주요 사본에 대한 페이지 순서 조사를 끝마치지 못한 채, 1942년 다니엘(Jean Danielou)은 『기독교의 원천들』(Sources Chretiennes) 제1권에서 『모세의 생애』의 불어 번역판을 출판했다. 이 번역본의 제2판이 1955년에 그리스어 사본과 함께 출판되었다. 그러나 이 번역판은 그리스어 사본에 충실하지 못한 약점을 갖고 있다. 또한 이 번역본은 주(註)를 제시하고 있다. 현재 이 번역에 가장 도움을 준 번역본은 소피아(Sophia) 문고(베를린의 프라이베르그, 1963)에 포함된 독일어 번역본으로서, 만프레드 블룸(Manfred Blum)이 번역한 것이다. 『모세의 생애』로부터 발췌한 초록—『영광에서 영광으로: 닛사의 그레고리의 신비주의적 작품에서 발췌한 글들』(런던, 1961)—이 허버트 머스릴로(Herbert Musurillo)에 의해서 영어로 번역되었지만, 이때까지도 『모세의 생애』 본문 전체를 영어로 번역한 책은 없었다.

우리는 선택하여 편집된 그리스어 사본을 본문으로 삼아 번역을 했다. 그리고 머스릴로의 번역본과 다니엘의 번역판을 비교해 가며 페이지 순서 대조를 마쳤다. 차이점이 있는 문장들은 많은 부분에 있어서 영어 번역서를 중요하게 취급하지 않았다. 우리는 세련된 영어 번역에 힘쓰기보다는 그리스어 사본에 충실하도록 노력했다. 다른 번역서들이 원문에 충실하지 않았던 반면, 우리는 그레고리의 작품만이 갖고 있는 특색을 전달하고, 원본을 연구하는 학생들에게 도움이 될 수 있는 번역서를 내기 위해서 노력했다.

제1권
덕의 완성에 대하여

서언

1. 경마에서 우승에 관심이 있는 관람객들은, 마치 자신이 소리침으로써 말을 더 잘 달리게 할 수 있는 것처럼, 자신이 선택한 말을 향해서 고함을 질러댄다. 그들은 관중석에 앉아 있지만, 기수가 더 분발하도록 격려하고 동시에 공중에 뻗은 팔로 달리는 말을 채찍질하면서 이 경기에 참가하고 있는 것이다. 그들은 이러한 자신의 행동이 승리에 영향을 준다고 생각하지는 않는다. 다만 이 경기에 대한 관심을 자신의 목소리와 행동으로 나타낼 뿐이다. 친애하는 친구와 형제들이여, 나도 이와 똑같은 행동을 하고 있었던 것 같다. 당신들이 위에서 **부르신 부름의 상**을 받기 위해서 덕의 코스를 달리는 신성한 경기에서 끊임없이 노력하는 동안에(빌 3:14), 나는 당신의 발걸음을 재촉하기 위해서 당신을 격려하고 재촉했던 것이다. 그러나 내가 이렇게 행동한 것은 무조건적인 충동에서가 아니라, 사랑받는 자녀의 기쁨을 충족시키기 위해서였다.

2. 최근에 당신이 내게 보낸 편지에서 완전한 삶(perfect life)에 대한 조언을 부탁했을 때, 나는 당신의 요구에 응하는 것이 옳다고 생각했다. 비록 내 답변이 당신에게 전혀 유용하지 않다고 하더라도, 내가 당신에게 보이는 복종의 모범은 전적으로 쓸모없는 것만은 아니라고 생각한다. 왜냐하면, 만약 수많은 영혼들을 책임지고 있는 교부의 위치에 있는 우리가 젊은이들의 요구에 기꺼이 복종하는 것보다 더 좋은 교육 방법은 없기 때문이다.

3. 우리는 하나님을 이 글의 인도자로 인정하면서, 우리 앞에 놓인 작업을 시작해야만 한다. 친애하는 친구여, 당신은 완전한 생활이 무엇인지에 대해서 알고자 했다. 그러나 만약 내 글에서 당신이 찾고자 했던 것을 찾는다면, 당신은 이 깨달음을 당신의 생활 속에서 실천해야만 한다. 그러나 나는 지금 두 가지 사항에 대해서 당황하고 있다. 즉, 이 글에서 완전을 설명하는 것도 내 능력을 초월하는 일이지만, 내 삶을 통해서 이 글의 핵심을 보여준다는 것도 자신이 없기 때문이다. 그러나 이런 면에서 나는 혼자가 아닌 것 같다. 즉, 많은 위대한 사람들, 심지어 덕의 삶에 있어서 탁월하다고 하는 사람들까지도, 자기들이 그것을 성취하는 것이 불가능하다고 인정할 것이기 때문이다.

4. 나의 이 당황이, 시편 기자가 기록했듯이, 두려움이 없는 곳에서 괜히 두려워하며 떨고 있는 것처럼(시 13:5) 생각되진 않기 때문에, 나는 당신에게 내가 생각하고 있는 것을 좀 더 정확하게 설명해야 할 것 같다.

5. 감각에 의해 측량할 수 있는 모든 것의 완전에는 분명한 한계에 의해 구별된다. 예를 들어 수량(Quantity)이라는 것은 계속성과 한계를 모두 가지고 있다. 즉, 양이라고 하는 것은 그것이 갖고 있는 한계에 의해서 측정될 수 있다. 사람들은 큐빗(cubit)이나 10이라는 숫자가 시작과 끝을 가지고 있다는 사실을 잘 알고 있다. 그러나 완전의 경우에는 끝이 없다는 사실을, 우리는 사도 바울을 통해서 배웠다. 왜냐하면 신적 존재와도 같은 사도, 위대하고 고결한 통찰력을 가지고 덕의 여정을 끊임없이 달려갔던 사도 바울도, 앞에 있는 것을 향하여 쫓아가는 노력을(빌 3:13) 결코 멈추지 않았기 때문이다. 이 덕의 경주에서 멈추는 것이 그에게는 안식이 아니었다. 그 이유는 무엇인가? 그것은 선이란 본질상 한계를 가지고 있지 않으며, 단지 생명이 죽음에 의해서, 그리고 빛이 어둠에 의해서 제한되듯이, 선도 그와 대조되는 것에 의해서만 제한되기 때문이다. 선한 존재들은 자신과 반대되는 것에 의해서 그 존재를 멈추게 된다.

6. 생명의 끝이 곧 죽음의 시작인 것처럼, 덕을 향한 경주를 멈추는 것이 곧 악을 향한 경주를 시작하는 것이라고 할 수 있다. 결국, 덕에 의한 성숙이란 성취할 수 없다는 것이 참으로 증명된 셈이다. 즉, 인식 가능한 어떤 한계를 가지고 있는 것은 진정한 덕이라고 할 수 없다.

나는 또한 덕의 삶을 추구하는 사람들이 완전에 도달하는 것도 불가능하다고 말했다. 이제 이 말의 의미를 설명하겠다.

7. 한 분이신 하나님(Divine One)은 곧 선이다: 이 표현은 선이란 단어가 가진 가장 적당한 의미 안에서만 가능하다. 그의 본성이 바로 선한 것이다. 신은 이 선한 본성에 의해서 존재하고, 불려지며, 또한 알려진다. 악을 제외한 그 어떤 것도 덕을 제한할 수 없기 때문에, 그리고 신은 자신과 대조될 수 있는 존재를 결코 용납하지 않기 때문에, 우리는 신의 본성이 무한하며 무제한적이라고 말할 수 있다. 이렇게 하나님은 절대적인 의미의 덕이기 때문에, 참된 덕을 추구하는 사람이라면 누구든지 하나님의 본성에 참여하고 있다고 할 수 있다. 선한 것을 아는 사람은 그 선에 참여하기를 갈망하지만, 이 선에는 한계가 없기 때문에, 선을 갈망하는 사람들이 멈출 수 있는 장소란 있을 수 없다. 단지 끝없는 전진만이 있을 뿐이다.

8. 그러므로 완전은 한계가 없기 때문에 완전을 성취한다는 것은 확실히 불가능하다: 덕이 갖는 한 가지 한계는 그것이 끝을 갖고 있지 않다는 점이다. 이렇게 완전은 한계가 없다는 것을 알았는데 어떻게 그 완전에까지 도달할 수 있겠는가?

9. 비록 대체적인 나의 의견이 완전을 성취할 수 없다는 방향으로 강조되긴 했지만, 그러나 우리는 주님의 명령, 곧 하늘에 계신 너희 아버지의 온전하심과 같이 너희도 온전하라(마 5:48)는 주님의 명령을 경시해서는 안 된다. 왜냐하면, 본질적으로 선한 것들은 그 부분만을 성취했다고 하더라도 우리들에게는 매우 유용한 것이기 때문이다. 예를 들어, 인간의 이해력이 모든 것을 다 알 수는 없어서 오직 한 부분만을 이해했다고 하더라도 그들은 이미 많은 것을 얻은

셈이다.

10. 그러므로 우리는 완전에서부터 멀어질 것이 아니라 가능한 한 그 완전에 도달할 수 있도록 노력해야 한다: 우리는 자신이 노력하는 것만큼 성장할 수 있다. 즉, 인간의 완전이란 선(goodness) 안에서의 성장 과정 그 자체에 놓여 있는 것이다.

11. 이 문제에 있어서 성경을 우리의 조언자로 이용하는 것이 바람직하다고 생각된다. 하나님은 이사야를 통해서, "너희 조상 아브라함과 너희를 생산한 사라를 생각하여 보라"(사 51:2)라고 말씀하셨다. 이것은 덕에 대해서 혼란을 겪고 있는 사람들을 향해 성경이 주는 충고라고 할 수 있다. 마치 항구로부터 유리되어 방황하던 사람이 높은 곳에서 비춰지는 빛이나 어떤 산의 꼭대기와 같은 확실한 표시를 보고서 자신의 키를 바로 잡듯이, 성경도 삶의 바다를 표류하고 있는 사람들에게, 아브라함과 사라의 예를 들어서 하나님의 뜻이 무엇인지를 가르쳐 주고 있는 것이다.

12. 인간은 여성과 남성으로 나뉘어져 있지만, 선과 악에 대한 자유로운 선택권은 둘 모두에게 동등하게 부여되었다. 이러한 이유 때문에, 하나님은 각자의 성별에 알맞는 모범을 제시해 주셨다. 그러므로, 자신에게 알맞는 모범, 즉 남성들은 아브라함을, 여성들은 사라의 삶을 세밀히 숙고함으로써, 덕스러운 삶이 무엇인지 배울 수 있다.

13. 그러므로 빛을 필요로 하는 우리들의 갈증을 풀 수 있는 유일한 방법은 위대한 인물의 삶을 숙고하는 것이다. 또한 이들의 삶을 숙고함으로써 우리는 욕정이나 악으로부터 해방된 덕의 항구로 우리의 영혼을 이끌어 가는 방법을 알게 된다. 고귀한 인물들의 삶이 상세하게 기록된 이유가 여기에 있으며, 또한 다른 사람들도 그들이 보인 행동의 모범을 따라함으로써, 자신의 삶을 선한 방향으로 이끌어 가게 될 것이다.

14. 그렇다면 무엇이 문제인가? 어떤 사람은 이런 의문을 제기할 것이다: "나는 아브라함처럼 칼데안(Chaldaean) 사람도 아니고, 모세처럼 애굽 여인에 의해서 양육되지도 않았다. 즉, 내 삶은 성경의 인물 중 그 누구의 삶과도 일치하지 않는데 어떻게 그들의 삶을 따를 수 있겠는가?": "나와는 너무나도 다른 환경 속에서 살았던 사람들, 그들의 행동을 어떻게 모방해야 할지도 모르는데 어떻게 그들 중의 한 사람을 내 삶의 모범으로 설정할 수 있겠는가?" 이런 사람들에게 우리는 "갈대아 사람이라는 사실이 덕이나 악으로 간주되는 것도 아니며, 어떤 사람이 애굽에서 살거나 바벨론에서 산다고 해서 덕스러운 삶을 살 수 없는 것도 아니다"라고 대답해 줄 수 있다. 또한 사람들이 생각하는 것처럼, 오직 시온이나 유대에 사는 축복받은 사람들만 하나님을 인식할 수 있는 것도 결코 아니다(시 75:2, 3) 그러나 우리는 갈대아 사람이 아니며, 애굽인과 어떤 관계도 없고 바벨론의 포로 상태도 겪지 못했기 때문에, 그들의 이야기 속에서 덕스러운 삶의 방식을 찾아내기 위해서는 예민한 통찰력을 발휘해야만 한다.

15. 이 글에서는 우리들의 모범으로서 모세의 삶을 제시하려고 한다. 우리는 먼저 성경에서 증거하고 있는 그의 삶의 여정에 대해서 살펴보기로 하자. 그리고 나서, 그의 삶에 대해 영적인 해석을 함으로써, 진정한 덕의 모양이 어떤 것인지에 대해서 알아보도록 하자.

모세의 생애 (History of Moses)

16. 애굽의 왕이 법률을 통해 이스라엘 자손의 번성을 저지하려고 할 그때에 모세가 출생했다(출 2:2ff.). 그러나 모세는 하나님의 은총으로 인해서 장차 그가 이룰 업적을 예견하고 있었다. 그는 이미 유아기 때부터 그 모습이 준수했기 때문에, 그의 부모들은 법률을 따라 아기를 죽이는 일을 할 수가 없었다.

17. 그러나 애굽 왕의 위협이 가중되자, 모세를 역청과 나무진을 칠한 갈대 상자에 넣어(출2:3) 나일강에 띄울 수밖에 없었다. 상자는 강물을 따라 흘러갔다. 강둑을 따라 움직이던 갈대 상자는 하나님의 인도하시는 능력에 의해서 물결에 의해 씻겨진 곳까지 나아갔다. 애굽 왕의 딸이 갈대 상자가 있는 강둑까지 다가왔을 때, 갈대 상자 안에 있던 그는 울음소리를 내기 시작했다. 이렇게 해서 그녀가 모세를 발견하게 되었다. 그녀가 모세에게 나타난 하나님의 은총을 보았을 때, 그녀는 곧 선한 마음으로 그를 입양하여 자신의 아들로 삼았다. 그러나 모세가 본능적으로 이방인의 모유를 거절했기 때문

에, 그는 누이의 계략에 의해서 친어머니의 가슴에서 자랄 수 있었다.

18. 공주의 아들로서, 유아기를 거쳐 애굽 학문으로 교육을 받은 후에도, 모세는 이방인들이 영광으로 여기는 것들을 선택하지 않았으며 자신을 입양한 현명한 여인도 자신의 어머니로 인식하지 않았다. 오히려 그는 친어머니에게 돌아가려 했으며, 자신을 히브리인으로 여겼다. 어느 날, 히브리인과 애굽인이 다툴 때, 동족을 위해서 싸우다가 애굽인을 죽이고 말았다(출 2:11-14). 그리고 나서 며칠 후, 두 사람의 히브리인들이 서로 싸우는 것을 보고, 모세는 그들이 서로 형제이기 때문에 서로 다투지 말고 이해해야 한다고 충고하면서 그 싸움을 억제시키려고 노력했다.

19. 그러나 그들 중 한 사람이 모세의 충고를 거절하자, 모세는 이 거절을 좀 더 위대한 철학을 배울 수 있는 기회로 만들었다(출 2:15-21). 이후로 그는 다른 사람과의 접촉을 피하면서 혼자 살았다. 그러던 중 그는 이방인 중에서도 인간의 삶과 행위를 예리하게 판단하고 고귀한 것을 통찰할 수 있는 사람의 사위가 되었다. 이 사람은 오직 한 가지 행동, 즉 자신의 사정을 돌보지 않고 의를 위해서 싸우는 행동을 통해서, 모세가 가진 덕을 볼 수 있었다. 모세는 비록 자신에게 직접적인 해는 없었지만, 의로움 그 자체를 가치 있는 것으로 여겼기 때문에 목자들이 행하는 그릇된 행동에 대항했던 것이다. 젊은 모세의 이런 행동을 높이 평가했기 때문에, 또한 비록 그가 가난하긴 하지만, 그의 덕을 물질적 부요함보다 더 값진 것으로 여겼기 때문에, 그 사람은 모세에게 자신의 딸을 아내로 삼게 하였으며, 모

세의 권위를 존중해서 모세에게 자신이 원하는 방식대로 살도록 허락했던 것이다. 모세는 시장 같은 시끄러움 속에서 모두 벗어나 산에서 홀로 살았으며, 광야에서 그의 양을 돌보았다.

20. 얼마 동안 이런 방식의 생활을 한 후에, 모세에게 놀라운 하나님의 현시가 나타났다(출 3:2-5). 정오임에도 불구하고 햇빛보다 더 밝은 빛이 그의 눈을 부시게 만들었다. 이상한 광경에 놀란 그가 산을 바라보았을 때, 그는 마치 불처럼 타오르고 있는 떨기나무를 발견할 수 있었다. 불꽃 속에서도 마치 정결한 물처럼 솟아나고 있는 떨기나무의 가지들을 보았을 때, 그는 "내가 돌이켜 가서 이 큰 광경을 보리라."라고 중얼거렸다. 그가 이 말을 했을 때, 이미 그는 이 빛의 기적을 단지 눈으로만 본 것이 아니라, 그의 귀까지도 이 빛의 광선으로 채워지기 시작했던 것이다. 이 빛을 통한 은총이 두 가지 감각 모두에게 부여되고 있었다. 즉, 빛나는 광선이 그의 눈을 비추고 있었으며, 이와 동시에 순수한 가르침에 의해서 그의 귀가 밝아지고 있었던 것이다. 빛으로부터 나오는 한 목소리가 모세에게 생명 없는 짐과도 같은 그의 신발을 벗어버리라고 명령했다. 그의 발에서 이 짐을 벗어버리고 난 후 모세는 하나님의 빛이 발하고 있는 그 땅에 설 수 있었다.

21. 나는 이 서술이 단순히 한 인간의 생애를 묘사하는데 머물러서는 안 된다고 생각한다. 우리는 우리가 제시했던 문제들에 대해서 주의를 기울여야만 한다. 모세는 그가 체험한 하나님의 현시를 통해서 능력을 부여받았으며, 그의 동족을 애굽의 구속으로부터 해방

시키라는 명령을 받았다. 하나님께서 그에게 주신 능력을 좀 더 충분히 인식하기 위해서, 그는 자신의 손을 이용해 하나님의 명령을 시험했다(출 4:1-7). 진실로 이것은 시험이었다. 지팡이가 그의 손에서 떨어졌을 때, 그것은 살아서 움직이는 동물—정확하게 그것은 뱀이었다—이 되었다: 그러나 모세가 다시 지팡이를 집었을 때, 그것은 다시 원래의 상태로 되돌아 왔다. 이번에는, 그가 자신의 가슴에 손을 넣었다 빼자 손이 눈처럼 희게 보였다. 그러나 다시 손을 가슴에 넣었다 꺼내자 그 손이 정상으로 돌아왔다.

22. 모세는 그의 이방인 아내와 자녀들을 데리고 애굽으로 내려갔다(출 4:19-27). 성경에서는 한 천사가 모세를 만나자, 그를 죽이려 했다고 서술하고 있다. 이때 모세의 아내가 그의 아들에게 할례를 행함으로써 모세를 구해낼 수 있었다. 그리고 모세는 하나님께서 보내신 아론을 만났다.

23. 이후에 모세와 아론은 애굽에 있는 이스라엘 백성들을 한 곳에 모으고, 고된 노동으로 고통 받고 있는 그들에게 해방을 선포했다(출 4:29-31). 이 소식이 애굽 왕에게 알려졌다. 그가 이 소식을 들었을 때, 이스라엘 백성들에 대한 분노가 더 가중되었다. 그들이 만들어야 할 벽돌의 하루 할당량이 증가되었으며, 진흙으로 벽돌을 굽는 수고뿐만 아니라, 벽돌의 재료인 짚을 구해야 하는 수고까지 부과되었다.

24. 바로―당시 애굽 왕에 대한 지칭―는 모세와 아론이 행한 하나님의 기적에 대해서 애굽 마법사들이 행하는 마술적 속임수로 대항하려 하였다(출 7:10-12). 모세가 애굽 사람들 앞에서 자신의 지팡이를 뱀으로 변하게 했을 때, 그들도 마법사의 마술을 통해서 이와 똑같은 기적을 행할 수 있다고 생각했다. 그러나 모세의 지팡이로 만든 뱀이 마술사의 마법으로 생긴 뱀들을 모두 먹어 버렸을 때, 마술사의 기적이 얕은 속임수에 불과했음이 드러났다. 마법사들의 지팡이는 모세의 기적에 대한 방어 수단이 될 수 없었으며, 또한 어떤 능력도 갖고 있지 못했다. 단지 마법사들이 사람들을 속이기 위해서 고안해 낸 환영에 불과할 뿐이었다.

25. 모세는 바로를 비롯한 모든 신하들이 악하다는 것을 깨닫고 애굽의 전 지역에 그 어느 누구도 피할 수 없는 큰 재앙을 내렸다(출 7:17ff.). 애굽인을 공격함에 있어서, 우주의 모든 구성 요소―물, 땅, 공기, 불―들이 명령을 받은 군대처럼 모세에게 복종했으며, 그렇게 모세의 명령에 순종하기 위해서, 그들이 평상시 하던 자연적인 기능을 벗어났다. 그러나 같은 시간과 장소에서, 동일한 재앙이 내려졌음에도 불구하고, 의로운 사람들은 이 재앙의 고통을 받지 않았다.

26. 모세의 명령으로 애굽에 있는 모든 하수가 피로 변했다(출 7:20-22). 하수의 모든 생물이 죽었지만, 히브리 사람들에게는 오히려 그 피가 물로 변했다. 히브리 사람들의 물을 이용해서 애굽의 마술사들도 물을 피처럼 보이게 하는 술수를 부렸다.

27. 이번에는 엄청난 수의 개구리가 애굽을 뒤덮어 버렸다(출 8:1-15). 이렇게 많은 수의 개구리가 생겨난 것은 결코 자연적인 현상이라고 할 수 없으며, 다만 모세의 명령이 정상적인 개구리의 숫자에 변화를 가져오게 만든 것이었다. 애굽 사람들의 집이 개구리로 가득 차게 되었으며, 이로 인해서 전국은 엉망이 되었다. 그러나 오직 히브리인들만은 이 재앙에서 자유로웠다.

28. 또한 애굽인들에게 낮과 밤의 구별이 없어지고, 그들은 계속되는 어둠 속에서 살게 되었다(출 10:21-23). 그러나 히브리 사람들에게 있어서, 정상에서 벗어난 것은 아무것도 없었다. 이런 현상은 다른 재앙에서도 나타났다—우박, 불, 악질, 파리들, 메뚜기떼; 그러나 이 재앙의 고통이 애굽인들에게는 정상적으로 나타났다. 히브리인들에게는 이러한 재앙이 미치지 않았기 때문에, 그들은 애굽인들이 겪는 재앙과 고통을 소문을 통해서 들을 수 있었다. 그러나 애굽인들과 히브리인들 사이의 구별을 더욱 확실하게 해준 것은 처음 난 것과 장자들의 죽음이었다(출 12:29-31). 애굽인들이 장자의 죽음을 슬퍼하며 애통해 할 동안에도, 히브리인들은 평온하고 안정된 생활을 누리고 있었다. 그러나 그들도 피를 뿌림으로써만 구원을 받을 수 있었다(히 11:28). 즉, 그들이 살고 있는 모든 집의 문설주와 안방에 피를 발랐던 것이다.

29. 애굽인들이 그들의 장자의 죽음으로 인해 절망하고 애통해 할 동안에, 모세는 이스라엘 백성들의 출애굽을 지시했다(출 12:35f., 15:13, 17-19). 또한 그는 이스라엘 백성들에게 대부금이라

는 명목하에 애굽인들이 가지고 있던 물질들을 취하도록 명령했다. 그들이 애굽을 떠난 지 삼일이 지난 후에, 애굽 사람들은 이스라엘 백성들이 자신들의 노예 상태에서 벗어난 것에 화가 나기 시작했다. 그들은 곧 전쟁을 치르기 위해서 군사를 모집했으며, 기병대를 조직해 이스라엘 백성들을 쫓아가기 시작했다(출 14:5-15). 이스라엘 백성들이 애굽 기병대의 모습을 보았을 때, 그들은 아직 전쟁을 경험해 보지 못했으며, 이런 상황에 익숙하지도 않았기 때문에, 모세를 향해 비난을 가하기 시작했다. 그러나 여기에서 성경은 모세에 관한 가장 경이로운 사건을 우리에게 얘기해 준다. 이때 그는 두 가지 행동을 동시에 하고 있었다. 겉으로는 이스라엘 백성들을 향하여 용기를 갖고 결코 하나님을 향한 희망을 버리지 말라고 권고하면서도, 내적인 그의 마음은 공포에 떨고 있는 백성들 편에 하나님이 서 주기를 간구하고 있었던 것이다. 그래서 하나님으로부터 이 위험에서 벗어나는 방법을 지시받을 수 있었다. 성경에서는, 하나님께서 그의 소리 없는 울부짖음에 대답하셨다고 기록하고 있다(출 14:15).

30. 하나님의 능력으로 구름이 백성들을 인도했다(출 13:21-22). 이것은 평범한 구름이 아니었다. 왜냐하면, 이것은 자연의 구름처럼 수증기나 증기로 만들어진 것이 아니기 때문이다. 바람도 공기 중에 있는 수증기를 안개로 만들지 않았다; 이것은 인간의 이해력을 초월하는 현상이었다. 성경은 또한 구름이 행한 놀라운 일에 대해서도 증거하고 있다. 정오의 햇빛이 뜨거운 열을 발할 때, 그 구름은 백성들에게 그늘이 되어 주고 건조한 기후에 습윤을 제공함으로써 백성들을 위한 피신처가 되었다. 또한 밤에는 그 구름이 불기둥이 되었

으며, 이로 인해 아침에 해가 다시 뜰 때까지 이스라엘 백성의 전진을 인도하는 선봉대 구실을 하였다.

31. 모세가 그 구름을 보았을 때, 그는 백성들에게 이 광경을 기억하라고 가르쳤다(출 14:16-22). 그들은 구름이 인도하는 데로 따라 가던 중 홍해 앞에 이르게 되었다. 여기에서 이스라엘 백성들은 그들을 쫓아 온 애굽 군대에 의해서 포위당하고 말았다. 이 두려움으로부터 벗어날 수 있는 길이 그 어디에도 없었다. 그들은 애굽 군대와 홍해 사이에서 공포에 떨 수밖에 없었다. 그때, 믿을 수 없을 정도로 위대한 일을 행한 사람이 바로 모세였다. 그는 물가로 나아가서 그가 갖고 있던 지팡이로 바다를 내리쳤다. 유리가 깨어질 때 그 갈라짐이 맞은편까지 일직선으로 달려가듯, 그렇게 바다에 바람이 일기 시작했다. 바다 전체가 그 수면으로부터 출렁이기 시작하더니 물이 갈라져 양편 둑으로 물러섰다. 바다가 갈라진 그곳에 모세가 그의 백성들과 함께 발을 내디뎠다. 그들은 정오의 햇빛 아래에서 젖지도 않은 채 바다의 밑바닥에 설 수 있었다. 그들이 바다의 마른 밑바닥을 걸어서 건너는 동안, 그들은 좌우에 벽처럼 서 있는 물을 두려워할 필요가 없었다. 왜냐하면, 바다물이 그 양쪽에 마치 벽처럼 고정된 채 서 있었기 때문이었다.

32. 바로와 애굽의 병사들이 이스라엘 백성들을 따라 새로 생긴 길, 즉 바다로 들어왔을 때, 물로 만들어진 벽이 다시 모아지면서 이전의 제 모습으로 되돌아 왔다. 결국 물 속에서 살아남은 사람은 한 사람도 찾아볼 수 없었다(출 14:23-31). 그때 이스라엘 백성들은

바다를 통한 길고 긴 전진을 다 끝마치고 맞은 편 둑에서 안식을 취하고 있었다.

그들은 하나님이 물 속에서 애굽의 군대를 전멸시키셨기 때문에, 자신들이 전혀 피를 흘리지 않고도 얻을 수 있었던 승리를 기념하기 위해서 노래를 불렀다.

33. 그러나 이스라엘 백성들이 먹을 물도 없이 삼일 간의 여행을 한 후에, 모세는 이들의 갈증을 풀어 줄 방법을 몰라 당황하게 되었다(출 15:22-25). 그들은 물 가까이에 장막을 쳤지만 그 물은 소금물이었으며, 그 짜기가 바닷물 보다 더 심했다. 그들이 그 갈증에 목이 바짝 말라 있을 때, 하나님의 명령을 받은 모세는 근처에 있던 나무토막을 찾아 그것을 그 물 속에 던져 넣었다. 그러자, 그 물이 곧 마실 수 있는 물이 되었다. 즉, 하나님의 능력에 의해서, 그 나무가 쓴 물의 특성을 단물로 바꾸어 주었던 것이다.

34. 구름이 앞서 행함에 따라 이스라엘 백성들도 뒤따라 나아갔다. 그들은 항상 그 구름이 멈추는 곳에서 휴식을 취했고, 그 구름이 그들을 인도하기 시작할 때면 그들도 앞으로 나아가기 시작했다(민 9:15-23). 이 구름의 인도에 따라서, 그들은 물이 풍부한 한 장소에 도착하게 되었다(출 15:27). 이곳은 열두 개의 샘물과 종려나무로 둘러싸여 있었기 때문에 햇빛을 피할 수 있고 물도 구할 수 있었다. 칠십 개의 종려나무는, 비록 그 수가 많은 것은 아니었지만, 그 나무의 크기와 빼어난 아름다움 때문에 보는 사람들로 하여금 경탄을 금치 못하게 만들었다.

35. 그들이 인도하던 구름이 다시 일어나 그들을 다른 곳으로 이끌고 갔다(출 17:1-7). 그러나 이곳은 물 한 방울도 없는 모래사막이었다. 여기에서 백성들은 한 번 더 심한 갈증을 느껴야만 했다. 그러나 모세가 자신의 지팡이로 반석을 내리쳤을 때, 그 반석에서 백성들이 필요로 하는 물보다 더 많은 양의 물이 쏟아져 나왔다.

36. 또한 이곳에 이르렀을 때, 그들이 애굽에서 준비해 왔던 양식이 바닥나 버렸기 때문에 그들은 배고픔에 시달리게 되었다(출 16장). 이때 믿을 수 없는 기적이 또 한번 나타났다: 이들을 위한 양식이 자연스럽게 땅에서부터 자라난 것이 아니라, 이슬처럼 하늘에서부터 내려오기 시작했다. 이 양식은 동틀 녘에 내려왔기 때문에, 이것을 부지런히 모으는 사람들만이 먹을 수 있었다. 하늘에서 내려온 이것은 이슬처럼 단순한 물방울이 아니라, 호유의 씨앗에 있는 투명한 결정체와 같은 것으로 그 맛이 꿀처럼 달았다.

37. 이 기적은 또 다른 기적을 동반하고 있었다: 즉, 양식을 모으는 사람들은 모두 나이도 능력도 달랐다. 그러나 이런 차이점에도 불구하고, 어떤 사람도 다른 사람보다 더 많게 혹은 더 적게도 거두지 않았다. 그들이 모은 양은 각자의 필요에 따라 측정되었으므로, 강한 자가 남을 정도의 양식을 가질 수 없었고, 또한 약한 자라고 해서 그 필요량을 빼앗기지도 않았다. 게다가 우리는 또 다른 기적을 보게 된다. 사람들은 그 날의 양식을 모을 때, 내일을 위해서 아무것도 남겨두지 말아야 했다. 가령, 어떤 사람이 다음날을 위해서 그 날의 음식을 저장했을 경우에, 그 음식은 벌레로 변하여 먹을 수 없게

되어 버렸다.

38. 성경은 이 양식이 갖고 있는 놀라운 또 다른 면을 기록하고 있다. 즉, 칠일 중의 하루는 하나님의 명령에 따라 안식일로 지켜지고 있었다. 그 안식일의 하루 전날도 다른 날과 똑같은 양의 양식이 내려왔고, 양식을 모으는 백성들의 수고도 다른 날과 같았다. 그러나 그 날 그들이 모은 양식의 양이 평상시의 두 배가 되었으며, 이로 인해서 양식을 모으는 일로 안식의 율법을 어기지 않아도 되었다. 다른 날 남은 양식은 먹을 수 없게 된 반면, 안식일을 준비하는 그 날만은 음식이 변하지 않았다.

39. 이후에 이스라엘 백성들이 이방 민족과 전쟁을 치르게 되었다(출 17:8-16). 성경은 이 민족을 아말렉이라고 부르고 있다. 처음에는 이스라엘 백성들 모두가 군대로 무장하였다. 그러나 전 백성이 싸움에 나가지 않고; 전쟁을 수행하기에 적합한 사람들을 군인으로 뽑았다. 여기에서 모세는 새로운 계략을 보여주고 있다. 여호수아(모세를 계속해서 백성들을 인도할 사람)가 아말렉에 대항해서 이스라엘 군대를 이끌고 나아갔을 때, 모세는 전쟁터에서 떨어진 한 언덕에 올라서서 자신의 양편에 자리 잡은 친구와 함께 하늘을 바라보고 있었다.

40. 그리고 연이어 일어난 기적을 우리는 성경을 통해서 알 수 있다: 모세가 하늘을 향해 팔을 들었을 때 이스라엘 백성들이 적에게 승리하기 시작했으나, 그가 팔을 내리면 이스라엘 군대는 이방인

의 공격 앞에 쫓기게 되었다. 모세와 함께 있던 사람들이 이 사실을 알게 되자, 그들은 모세의 양 옆에 서서 그의 팔을 붙잡아 주었다. 그러나 모세의 양팔을 잡아 주던 사람들이 너무 피곤해서 더 이상 그들의 팔을 높이 쳐들 수 없게 되자, 돌을 가져다가 앉음으로써 하늘을 향해 양 팔을 뻗치고 있는 모세를 계속해서 도울 수 있었다. 이후로 아말렉 군대는 이스라엘 백성들에게 완전히 패배 당하였다.

41. 이스라엘 백성들을 인도하던 구름이 계속해서 같은 장소에 머물러 있었기 때문에, 이들은 더 이상 움직일 수가 없었다. 즉, 이스라엘 백성들의 출발을 명령할 다른 무엇이 없었던 것이다. 그러나 그들은 살아가는데 필요한 모든 것들을 아무런 수고도 하지 않고 공급받을 수 있었다. 그들을 위해서 하늘에서부터 양식이 내려왔으며, 반석 밑으로부터 물이 쏟아져 나왔다. 그리고 구름이 광야 생활에서 생길 수 있는 모든 고통들을 차례로 막아 주었다. 즉, 낮에는 빛을 피할 수 있도록 그늘을 만들어 주고, 밤에는 횃불 같은 빛을 비추어 줌으로써 어둠을 몰아내 주었다. 그래서, 그들은 광야에서도 아무런 불편함 없이 편안하게 생활할 수 있었다.

42. 이곳에서 모세는 가장 신비스러운 의식(initiation)으로 백성들을 인도하게 되었다(출 19:10ff.). 하나님께서는 이스라엘 백성들을 자신의 의식에 참여시키기 위해서 뭐라고 표현할 수 없는 경이로운 방식으로 다음과 같은 지시를 내리셨다. 백성들은 영혼과 육체에 관련된 모든 종류의 더러움으로부터 자신을 억제하고, 깨끗하게 하는 의식을 통해서 자신들을 정결하게 해야 했다. 또한 그들은 정해

진 기간 동안 성교를 금함으로써 자신을 순결하게 지켜야 했고, 그렇게 모든 감정이나 육체적 욕정으로부터 순결한 정열을 가지고 하나님께서 명하신 산으로 나아가야 했다(그 산의 이름은 시내산이었다). 그 당시 사람들만이, 그것도 모든 오염된 더러움으로부터 정결하게 된 사람들만이 그 산에 접근할 수 있었다. 그러나 어떤 동물이 산에 오르는 것에 대해서는 절대적인 주의가 기울여져야 했다. 만약 산에서 어떤 동물이 발견된다면, 사람들은 그 동물을 돌로 쳐 죽여야 했다.

43. 그 밝게 빛나던 빛이 사라지고, 산은 어두운 구름에 휩싸여 보이지 않게 되었다(cf. gl 12:18-21). 어둠 속에서 빛나는 불꽃 하나가 사람들에게 무서운 광경으로 비춰졌다. 그 불꽃의 불빛은 계속해서 산 주위를 떠다니고 있었고, 눈에 보이는 모든 것들이 그 불꽃이 내는 연기로 뒤덮여져 있었다. 모세 자신도 그 광경에 두려움을 느꼈지만, 백성들을 이끌고 산 언덕으로 나아갔다. 그러나 그 놀라운 광경에 겁을 먹은 모세는 자신의 영혼까지 떨리는 것을 느꼈다. 그리고 이 영혼의 떨림은 이스라엘 백성들 앞에서도 숨길 수가 없었다. 이스라엘 백성들이 그런 것처럼, 모세 또한 그가 본 광경에 공포를 느꼈으며, 그의 육체도 심하게 떨리고 있었던 것이다.

44. 이스라엘 백성들이 공포를 느낀 것은 그들이 본 광경 때문만은 아니었다. 이와 함께, 그들에게 들리는 소리 때문에 두려움에 떨고 있었다. 하늘로부터 나는 무서운 소리가 밑에 있는 모든 것들을 향해 내리쳐졌다. 그 소리는 거칠고 참을 수 없는 것이었으며, 마치

나팔을 울리는 것과 같았다. 그러나 그 어느 것과도 비교될 수 없을 정도로 분명하고 무서운 소리였다. 그 소리가 점점 더 가까워지면 가까워질수록, 그 나팔 소리도 점점 더 무서워지기 시작했다. 이 소리는 하나님의 능력에 의한 것으로 소리를 내는 그 어떤 도구도 사용하지 않았지만, 매우 날카롭고 분명한 소리였다(출 19:19). 그러나 그 소리는 의미 없는 소리가 아니라, 하나님의 명령이 담긴 말이었다. 그 소리가 점점 더 가까워지자, 그것은 점점 더 커지기 시작했다.

45. 이스라엘 백성들은 그 광경과 소리를 더 이상 견뎌낼 수 없었다. 그래서 그들은 하나님의 율법이 모세를 통해서 전달되기를 원했다(출 34:29ff.). 즉, 그들은 모세가 어떤 명령을 하든지 그것이 곧 하나님의 명령이라는 것을 의심하지 않겠다고 했다. 결국, 백성들이 모두 산을 내려가고, 오직 모세만 홀로 남아 자신을 기다리고 있는 어둠 저편을 바라보았다. 사람들은 자신의 동료들과 같이 있을 때 두려움에 직면할 수 있는 자신감을 갖게 되는 것이 보통이지만, 모세는 홀로 남겨진 뒤에 오히려 더 큰 용기를 얻을 수 있었다. 이로써, 처음에 모세를 사로잡았던 두려움은 모세 자신이 느낀 두려움이 아니라, 공포에 떨고 있는 이스라엘 백성들에 대한 동정으로부터 나온 감정이었다는 것을 확실히 알 수 있다.

46. 이스라엘 백성들과 함께 느꼈던 두려움에서 완전히 벗어난 모세는 용감하게 어둠 속으로 다가가 결코 아무것도 볼 수 없는 암흑 속으로 들어갔다. 그가 하나님의 신비스러운 가르침을 듣기 위해 은밀한 성소로 들어갔을 때, 비록 눈에는 아무것도 보이지 않았지만,

거기에서 그는 눈에 보이지 않는 자(the Invisible)와의 어떤 공감대를 느낄 수 있었다. 내 생각으로는 하나님의 가르침을 받을 수 있는 자격이 모세에게 있었던 것 같다. 즉, 하나님께 가까이 가고자 하는 사람들은 가시적인 것을 모두 초월하고 앞으로 나가야만 하며, 자신의 마음 상태를 비가시적이고 이해할 수 없는 대상에게까지 끌어 올려야 하며, 또한 자신의 이해력이 도달할 수 없는 바로 그곳에 하나님이 존재한다는 사실을 믿어야만 했다.

47. 모세는 그 어둠 속에서 하나님의 율법을 받았다(출 20:30-7). 이 율법은 덕에 관련된 가르침들이었다. 그 중에서도 주된 가르침은 경외(reverence)에 관한 것으로써, 이것은 하나님의 본성을 가르칠 수 있는 가장 적절한 개념이었다. 즉, 신의 본성은 인간의 모든 인식 능력을 초월하는 것으로서 인식 가능한 그 어떤 것과도 같을 수 없기 때문에, 신의 본성 그 자체를 가르친다는 것은 불가능했다. 하나님은 모세에게 인간의 지혜로 인식 가능한 그 어떤 것도 하나님으로 여겨져서는 안 되며, 인간이 이해할 수 있는 그 어떤 것도 하나님의 초월적인 본성과 동등한 것으로 여겨져서는 안 된다고 주의를 주셨다. 그러나 그는 하나님이 존재한다는 것을 믿어야만 했다. 물론 그는 수량이나 특질, 기원 그리고 존재 방식 등과 관련해서 하나님을 시험해 볼 수도 없다. 왜냐하면 하나님은 인간에게 있어서 결코 도달할 수 없는 분이시기 때문이다.

48. 하나님은 그의 율법 안에 일반적인(general) 율법과 특수한 (specific) 율법을 모두 제시함으로써, 올바른 도덕적 행동들이 무엇

인지 가르치고 있다. 일반적인 율법이란 모든 부정의(injustice)에 대응되는 것으로서, 예를 들어 누구든지 자신의 이웃을 사랑해야 한다는 것들이다(cf. 레 19:18). 만약 이 율법이 준수된다면, 이것은 그 어느 누구도 이웃에게 악을 행하지 않는 결과를 가져오게 될 것이다(cf. 롬 13:10). 그리고 부모에 대한 공경은 특수한 율법 중에 포함되어 있으며, 이 밖에도 금지 행위들에 대한 율법들도 열거되고 있다.

49. 모세의 마음이 이런 율법들을 통하여 정결하게 되었을 때, 모세는 한 단계 더 높은 의식(initiation)으로 인도될 수 있었다. 즉, 하나님께서 그의 능력을 통해서 모세에게 성막(tabernacle)을 보여주신 것이다(출 25-27장). 성막은 한 마디로 표현할 수 없는 아름다움을 지닌 성소(sanctuary)였다―출입구들, 기둥들, 휘장, 촛대, 향을 피우는 제단, 번제를 드리는 제단, 화목 제단, 그리고 감히 접근할 수도 없는 지성소. 하나님께서 보여주신 성막의 아름다운 모습을 잊지 않기 위해서, 그리고 이스라엘 백성들에게 보여주기 위해서, 모세는 이것을 단지 기록만 할 것이 아니라, 비록 성막이 하나님의 비물질적인 창조이긴 하지만, 세상에서 가장 아름답고 찬란한 재료를 사용해서 하나의 물질적인 건축물로 만들어 보도록 권고 받았다. 세상의 찬란한 물질들 중에서도 가장 풍부한 것은 역시 금이었다. 그래서 성막의 기둥들은 금으로 겉칠해졌다. 금과 함께 은도 역시 성막의 기둥을 아름답게 하는데 한 몫을 담당했다. 즉, 기둥의 위와 아래 끝에 각각 은을 칠했던 것이다. 그렇게 기둥의 양쪽 끝에 색깔의 변화를 줌으로써, 기둥의 금색깔이 더욱 더 밝게 빛을 발하도록 하였다. 그러나 청동이 더 유용할 때도 있었다. 즉, 은기둥의 양쪽 끝은 청동으로 칠해

졌던 것이다.

50. 휘장과 장막들, 그리고 성소의 외벽과 기둥들 위에 드리워진 덮개들—여기에 쓰이는 섬유들은 직공의 기술에 의해서 각기 적절한 재료를 사용해서 만들어졌다. 이렇게 짜여진 섬유들은 보라색, 자주색, 그리고 붉은 진홍색으로 물들여졌다. 그러나 어떤 섬유는 물들이지 않고 그 자연스런 색깔을 이용하기도 하였다. 각 섬유는 그 쓰이는 용도에 따라서 어떤 것들은 면을 사용했으며, 또 다른 어떤 것들은 모피를 사용했다. 이 외에도 구조적인 아름다움을 표현하기 위해서 붉게 물들인 가죽이 사용되기도 하였다.

51. 산을 내려온 후 모세는 장인들을 고용해서 하나님이 보여주신대로 성막을 건축하기 시작했다(출 25:9,40;31:1ff.;35:30-38:31). 그는 성소 안에서 손을 사용할 수 없는데 반해서, 제사장이 성소에 들어갈 때는 의복을 어떻게 갖춰야 하는지에 대한 지시를 받았다. 율법은 제사장의 속옷과 겉옷 모두를 상세하게 규정해 주고 있다.

52. 의복 규정의 첫 번째 조항은 겉옷에 해당된다. 먼저 금이 아닌 색깔에 금실로 수를 놓음으로써 한결 눈에 띄게 만든 제사장의 에봇(ephod)이 있었다.(휘장 역시 이 색깔로 만들어졌다.) 제사장이 입는 에봇 양쪽 모두에 죔쇠를 달았는데, 이 죔쇠는 금을 입힌 에메랄드였다. 이 죔쇠가 가진 아름다움은 그 자연스러운 광채 때문이기도 했지만—그 죔쇠는 녹색의 광채를 발하고 있었다—또한 훌륭한 세공 기술 때문이기도 했다. (이것은 우상의 형상들을 조각한 것이

아니라, 각각의 쥠쇠에 이스라엘 조상들의 이름을 각기 여섯씩 새겨 넣은 장식이었다.)

53. 그리고 위의 쥠쇠로부터 앞의 아래까지 작은 흉패 같은 장식을 달아 내렸다(출 39:15-19). 또한 여기에 그물 모양으로 서로 꼬아 짠 노끈을 달았다. 이 노끈들은 흉패 같은 장식 아래까지 늘어뜨렸는데, 그 주름이 만들어낸 아름다움이 에봇의 아름다움을 더욱 더 돋보이게 만들었다.

54. 금으로 만든 장식을 가슴에서부터 늘어뜨렸으며, 여기에 이스라엘 지파수와 같은 숫자의 보석들이 각기 다른 종류로 달렸다. 그 보석 위에 이스라엘 각 지파의 이름을 새겨 넣어서, 한 줄에 각각 세 개씩 네 줄로 배열시켰다. 에봇 밑에 입는 상의에는 술장식을 달았으며, 목에서부터 발까지 길게 늘어뜨렸다. 에봇의 가장자리에 금장식을 늘어뜨리고, 다양하고 세련된 직조술을 이용하여 아름답게 치장하였다. 이것은 금으로 만든 종과 석류나무열매 같은 장식이었으며, 에봇의 가장자리를 따라 번갈아가며 달아 놓았다.

55 제사장의 머리에 두르는 띠는 딱딱한 제비꽃이었으며, 그 앞쪽에 붙이는 금속으로 된 잎사귀는 순금으로 만들어졌고, 여기에 이루 형용할 수 없는 아름다운 글자를 새겨 넣었다(출 28:36). 눈에 보이지는 않지만 몸의 감춰진 부분을 치장하는 장식도 있었으며, 에봇의 앞여밈을 위한 장식띠도 있었다. 그리고 형식적인 의복차림 밑에는 제사장이 갖추어야 할 정결을 상징하는 의복들을 입었다.

56. 모세가 아무것도 볼 수 없는 암흑 속에서, 하나님의 가르침을 통해서 그의 율법을 듣고, 신비스러운 하나님의 도움으로 이 율법을 모두 이해하고 난 후에, 그는 어둠 속에서 다시 나왔다. 그리고 나서 그는 곧 백성들에게 내려갔다. 이것은 하나님의 현시를 통해 그가 겪은 경이로운 체험을 백성들과 함께 나누고, 산에서 하나님이 보여주신 그대로 성막과 제사장직을 그들에게 가르치기 위한 것이었다.

57. 이때 모세의 손에는 거룩한 돌판이 있었다. 그것은 하나님의 뜻이 담긴 것으로서, 이것이 만들어질 때 어떤 인간의 도움도 필요로 하지 않았던 순수한 하나님의 선물이었다(출 32:15f.). 즉, 이 돌판의 재료와 그 위에 쓴 글자까지도 모두 하나님이 손수 만드신 하나님의 작품이었다. 그 거룩한 돌판에 쓴 글의 내용은 물론 율법이었다. 그러나 율법 수여자인 모세의 말을 듣기도 전에 이스라엘 백성들은 이미 우상 숭배의 죄를 짓고 있었다(출 32장).

58. 모세가 하나님과 함께 대화하고 있을 동안에 상당히 많은 시간이 흘렀다. 그는 어둠 속에서 사십 주야를 영원한 삶, 즉 궁극적인 삶에 참여했던 것이다. 그리고 그것은 정상적인 자연의 상태를 초월한 것이라고 할 수 있다. 왜냐하면 이 동안에 그는 양식의 필요성도 느낄 수 없었기 때문이다. 이때 이스라엘 백성들은, 선생님의 주의를 벗어난 어린 아이들처럼, 자신의 충동을 억제하지 못한 채 무질서하게 살고 있었다. 그리고 서로 하나가 되어 아론에게 대항했으며, 그들의 제사장으로 하여금 그들을 우상 숭배로 이끌도록 강요했다.

59. 금으로 만든 우상의 형상이 그들 앞에 나타났을 때, 이들의

불경건성은 극에 달했다. 이때 모세는 하나님께로부터 받은 돌판을 그들을 향해 깨뜨려 버렸다. 그리하여 그들은 하나님께서 주신 은총에 참여하지 못함으로써, 자신들이 저지른 배교 행위에 마땅한 처벌을 받았던 것이다.

60. 모세는 레위 족속들로 하여금 우상 숭배자들을 죽이게 하여 그들이 흘린 피로 이스라엘 백성의 죄를 정결하게 했다(출 32:26-29). 그렇게 우상 숭배자들에게 모세 자신이 화를 냄으로써 하나님의 심판을 면할 수 있었다. 그리고 그는 그 우상의 형상을 철저하게 파괴했다. 모세는 그 거룩한 돌판을 다시 받기 위해서 다시 사십 주야 동안 돌판을 준비해야 했다. 돌판 위의 글자는 하나님의 능력에 의해서 쓰여 졌지만, 그 돌판은 모세의 손에 의해서 준비되어야만 했다(출 34:1). 사십 주야 동안 하나님의 율법을 받으면서, 이때에도 그는 평소와는 다른 방식으로, 정상을 초월하며 살았다. 즉, 그는 우리들이 본성적으로 필요로 하는 그 어떤 것도 필요로 하지 않았던 것이다.

61. 곧이어 모세는 하나님의 가르침을 따라서 성막을 세우고, 하나님의 율법을 백성들에게 전달했으며, 그리고 제사장 직분을 확립시켰다. 성막에 쓰일 각각의 재료에 맞는 장인들을 선발해서 그들로 하여금 하나님의 지시에 따라서 일을 하도록 했다―성막, 출입구들, 그리고 성막 안에서 필요한 모든 것들―향을 피우는 제단, 번제를 드리는 제단, 촛대들, 휘장들, 지성소 안에 있는 화목 제단; 제사장의 에봇, 몰약, 여러 가지 희생 제사들―속죄제, 화제, 속건제, 화목제(출 36:8-40:31). 모세가 하나님의 지시에 따라 모든 것을 다 이루

었을 때, 인간이 가진 선천적인 병폐라고 할 수 있는 질투가 그의 가족들 사이에서 모세를 향해 일어났다.

62. 모세의 누이였던 미리암과 그의 형 아론—아론은 제사장 직분의 영광을 입었음에도 불구하고—이 하나님께 받은 모세의 영광을 질투하기 시작했다. 그래서 그들이 모세를 향하여 독설을 퍼부었고, 하나님께서는 그들을 향해 심판을 내리셨다(민 12:1-15). 여기에서 모세는 다른 사람들이 존경할 만한 인내심과 관용을 보여 주었다. 즉, 하나님께서 미리암을 심판하셨을 때, 모세는 자신의 분노를 억누르고 하나님께 미리암을 위한 중보 기도를 드렸다.

63. 이스라엘 백성들이 또다시 무질서의 상태로 빠져 들었다 (민 11:4-34). 이스라엘 백성들의 배교는 하나님의 율법을 기뻐하는 것에 있어서 절제가 부족한 데 원인이 있었다. 즉, 그들은 하늘로부터 내려온 음식을 아무런 수고도 하지 않고 먹을 수 있는 것에 만족하지 못하고, 오히려 고기를 먹고 싶다는 욕망 때문에 현재의 평온한 상태보다 애굽에서의 종 되었던 때를 더 선망하게 된 것이다. 모세는 백성들 사이에 퍼져 있는 이 욕망에 관해서 하나님께 조언을 구했다. 이때 하나님께서는 그들이 바라던 것을 주심으로써, 그들이 그런 욕망을 갖지 않게 하리라고 말씀하셨다. 하나님께서는 즉시 그들의 처소 근처에 구름떼 같이 많은 새들을 지면 가까이로 보내셨다. 그 새를 사냥하는 것은 매우 쉬웠기 때문에, 그들은 곧 고기에 대한 그들의 욕망을 충분히 채울 수 있었다.

64. 그들의 무절제는 자신의 육체를 파괴시키는 결과를 가져

왔다. 즉, 너무나 배가 부른 나머지 병들거나 죽게 된 것이다. 이런 본보기는 그들 자신에게, 그리고 그들을 지켜 본 주위 사람들에게 하나님이 주시는 축복을 누릴 때 절제할 필요가 있다는 것을 자각하게 했다.

65. 이후로 모세는 하나님께서 이스라엘 백성들에게 약속하신 땅을 탐지하기 위해서 정탐군을 보냈다(민 13-14장). 이 정탐군들 중 어떤 이들은 이스라엘 백성들의 용기를 감소시킬 잘못된 정보를 주었다. 이때 백성들은 또다시 모세를 대항하여 화를 내기 시작했다. 그때 하나님께서는 신의 도움을 확신하지 못하는 사람들은 결코 약속의 땅을 볼 수 없을 것이라고 말씀하셨다.

66. 이스라엘 백성들이 광야를 지날 때, 그들에게 또다시 목마름의 고통이 다가왔다―이때 그들은 하나님의 능력에 대한 기억까지도 잊어버리고 말았다(민 20:2-3). 즉, 하나님이 반석을 통해서 그들에게 물을 주셨던 기억도 이들에겐 도움이 되진 못했다. 그들은 더 나은 것들에 대한 소망을 포기했기 때문에 모세와 하나님께 욕설을 퍼부었고, 결국 백성들의 이러한 불신앙은 모세를 협박하는 데까지 나아갔다. 그럼에도 불구하고 모세는 그들을 위해서 다시 한번 반석이 변하여 물이 되게 하는 기적을 행하였다.

67. 율법의 즐거움이 이스라엘 백성들에게 또한번 올무가 되었다. 즉, 그들의 욕망이 그들로 하여금 탐심을 품게 만들었다. 비록 그들이 생활하기에 부족한 것이 전혀 없다고 하더라도, 방탕한 젊은 이들은 애굽에서의 풍족함을 꿈꾸었다. 이들은 매우 가혹한 징벌로

훈련받아야 했다. 곧 장막 안에 뱀이 나타나 그들을 물기 시작했다. 이때 물린 사람들은 그 몸에 독이 퍼졌다(민 21:6-9).

68. 뱀으로 인한 이스라엘 백성들의 죽음이 빠른 속도로 계속해서 늘어갔다. 이에 모세는 하나님의 명령에 따라 놋으로 만든 뱀을 만들어, 높은 곳에 매달아 장막 어느 곳에서도 보일 수 있게 만들었다. 이렇게 해서 백성들 사이에 뱀으로 인한 해를 가라앉히고, 죽음으로부터 그들을 구할 수 있었다. 청동으로 만든 뱀을 바라본 사람들은 누구든지 뱀에게 물리는 것을 두려워할 필요가 없었다. 왜냐하면, 어떤 신비스러운 해독 작용에 의해서, 놋으로 만든 뱀을 바라보는 것만으로도 뱀에 물린 독소를 해독시킬 수 있었던 것이다.

69. 다시 백성들 중의 한 무리가 모세의 지도권에 대항하여 일어나서, 자신들이 제사장의 직분을 갖겠다고 주장했다(민 16장). 비록 모세가 모반자들의 편에서 하나님께 간청을 했지만, 심판자이신 하나님의 정의가 백성들을 향한 모세의 동정보다 더 강력했다. 즉, 하나님의 명령으로 대지가 갈라지더니 모세의 권위에 대항했던 사람들과 그 모든 친척들을 삼켜 버렸다. 그리고 제사장 직분에 대해서 불만을 품었던 250명도 하나님이 내리신 불로 심판을 받게 되자, 그제서야 백성들은 정신을 차리게 되었다.

70. 제사장 직분의 은총은 하나님께서 그 직분을 받을만한 가치가 있는 사람에게 직접 주신 것이라는 사실을 백성들에게 인식시키기 위해서, 모세는 각 지파 중에서 가장 훌륭한 사람의 지팡이를 가져오도록 명령했다. 그리고 이 지팡이에는 자신의 이름을 새기도

록 했다(민 17장). 이 중에는 아론의 지팡이도 있었다. 모세는 그 지팡이들을 성소 바로 앞에 놓아두고, 제사장 직분에 대한 하나님의 뜻이 백성들에게 확실히 알려지기를 원했다. 이때 아론의 지팡이에서 싹이 나더니 나무에서 열린 것과 같은 성숙한 열매가 맺히게 되었다―그것은 아몬드 열매였다.

71. 불신자들에게 있어서 뿌리도 없이 메말라 버린 지팡이에서 성숙한 열매가, 그것도 단시간에 열리는 것은 너무나도 큰 기적이었다. 대지나 습기, 뿌리, 시간 그 어떤 자연적 조건도 갖추지 못한 지팡이에서 열매가 열린다는 것은 하나님의 능력으로만 가능한 것이었다.

72. 이스라엘 백성들이 이방 민족의 땅을 통과하게 되었을 때, 모세는 그 이방 민족에게 백성들로 하여금 들이나 포도원으로 지나가지 않게 하고 오로지 왕의 대로로만 지나도록 하며, 결코 좌로나 우로나 치우치지 않겠다고 맹세했다(민 20:14-22). 그러나 이방 민족의 왕이 이 제의를 거절하자, 그는 이 민족과 전쟁을 치를 수밖에 없었다. 모세는 이 전쟁에서 승리를 하고 결국 그 길을 통과할 수 있었다.

73. 미디안이라는 큰 민족을 다스리는 발락이라는 왕이 있었다. 그는 이스라엘 민족들이 행한 전쟁 소식을 듣고 심히 두려워하고 있었다. 이스라엘 민족에게 참패를 당하지 않기 위해서, 그는 무기나 군인이 아니라 발람이라는 사람을 통해 마술적인 힘을 얻으려고 했다(민 22:2ff.). 발람은 이러한 주술에 있어서 명성이 높았고, 그를 고

용한 사람들은 이러한 일에 그가 능력이 있다고 믿고 있었다. 그는 새들이 나는 모습을 보고 예언을 했다. 그러나 다루기에는 어려운 사람이었다. 즉, 그는 악마와의 교류를 통한 신비스러운 능력을 발휘해서 인간에게 치명적인 파멸도 줄 수 있는 사람이었다.

74. 발람이 자신을 미디안의 발락 왕에게 인도하는 사람을 따라갔을 때, 그는 자기가 타고 가는 나귀의 목소리를 통해서 지금 그가 가고 있는 길이 그에게 결코 유익한 길이 아니라는 것을 알았다. 그리고 주술을 통한 어떤 저주도 하나님께서 보호하고 계시는 이스라엘 백성들에게는 무력한 것임을 알았다. 악마의 힘보다는 하나님에 의해서 감화 받게 된 발람은 오히려 이스라엘 백성들이 누릴 미래의 축복에 대한 예언을 했다. 저주를 부르는 그의 기술을 방해한 힘이 이번에는 그에게 하나님의 능력을 인식하도록 만든 것이었다. 주술은 고사하고, 그는 하나님의 의지를 해석하는 사람으로서 행동했던 것이다(민 24:2ff.).

75. 이후에 그 이방 민족이 이스라엘 백성들에 의해서 몰살당했다. 이스라엘 백성들은 그 전투에서 승리했으나, 이번에는 이방 민족의 여성을 음행하는 죄를 짓게 되었다(민 25장). 비느하스가 이방 여인을 데리고 장막으로 들어간 이스라엘 남자를 따라 들어가 그 두 사람의 배를 꿰뚫어 죽였을 때, 이방 여인과의 반율법적인 관계에 대한 하나님의 분노가 가라앉았다. 그 후, 율법 수여자 모세는 높은 산으로 올라가, 하나님께서 이스라엘 조상들에게 주신다고 약속하신 땅을 멀리까지 바라보았다(신 34장). 그리고 그는 자신을 기념할 만한 그 흔적이나 무덤도 남겨 놓지 않은 채, 이 세상에서의 삶을 마감

했다.

76. 시간도 모세가 가지고 있던 아름다움에 해를 끼칠 수 없었다. 즉, 많은 세월이 흘렀지만 그 눈의 총명함이 희미해지지도 않았으며, 그 외모의 우아함이 감소되지도 않았다. 그는 항상 그 모습 그대로 남아 있으며, 변화하는 자연 속에서도 영원히 변하지 않는 아름다움을 간직하고 있었다.

77. 우리는 당신을 위하여 한 사람의 생애를 간략하게 서술했다. 그러나 우리가 이 책에서 의도하는 목적을 이루기 위해서는 더 많은 양의 서술이 필요하다. 즉, 이제 우리는 이 글에서 의도했던 목적에 모세의 삶을 적용시켜야만 한다. 그래서 이 적용한 결과들로부터 고결한 삶에 유용한 것들을 얻어내야만 한다. 자, 이제 이 고결한 삶에 대한 서술을 시작해 보자.

제2권
모세의 생애에 관한 관상

출생과 아동기

1. 모세는 바로가 통치하던 시대에 태어났으며, 그때 바로는 남자로 태어난 히브리 족속의 아이들은 모두 죽이라는 법령을 선포했었다(출 1:16). 우리는 앞에서 우리가 본받아야 할 모범으로 모세의 삶을 선택했었다. 그러나 우리가 어떻게 모세의 출생까지 본받을 수 있겠는가? 그러므로 우리가 그의 출생을 본받는다는 것은 도저히 불가능하다는 말이 그럴듯하게 들리는 것도 사실이다. 하지만, 이것은 외관상의 어려움일 뿐, 결코 불가능한 것은 아니라는 사실을 염두 해 두고 우리의 글을 시작해 보자.

2. 우리들은 세상의 모든 것이 변화하고 있으며, 항상 현재의 모습과는 다른 상태로 움직이고 있다는 사실을 잘 알고 있다. 그 변화는 더 좋은 결과를 가져올 수도, 혹은 더 나쁜 결과를 가져올 수도 있다. 바로의 법령도 이러한 의도에서 이해되어야 한다. 즉, 인간은 타락했을 때 감각적이며 열정적인 본성을 갖게 되는데, 이것은 여성적인 형태의 삶이라고 할 수 있다. 이것은 폭군들이 선호하는 삶의 형

태이다. 이와 반면에 남성적인 삶의 형태는 엄격하고 단호한 정결의 삶을 의미하며, 이것은 폭군에게 반감을 갖고 폭동을 일으킬 가능성이 있는 삶의 형태이다. 바로도 이런 이유에서 남자 아이의 출생을 저지하려고 한 것이다.

3. 여기에서 우리는 변화한다는 것이 곧 태어난다는 의미와 같다는 사실을 확실히 알게 되었다. 변화를 체험하는 것이 곧 출생이며, 이 출생은 육체적 출생의 경우처럼 외부적인 개입이나 우연에 의해서 일어나는 것도 아니다. 이런 종류의 출생은 우리의 선택으로 일어난다. 이런 의미에서 볼 때, 우리는 자신이 곧 원인이라고 할 수 있다. 왜냐하면, 우리는 자유의지를 갖고 있어서 자유로운 선택을 할 수 있고, 자신이 원하는 모습으로 변화될 수 있기 때문이다. 즉, 여성적인 삶을 살 것인지, 혹은 남성적인 삶을 살 것인지, 그리고 선의 가르침을 따를 것인지, 악의 가르침을 따를 것인지 하는 것들을 스스로 결정할 수 있는 것이다.

4. 그러므로 우리는 자신을 빛에 속하는 선한 모양으로 만들 수 있다. 그러나 본의 아니게 바로라는 폭군의 방해를 받게 된다. 하지만 이런 방해에도 불구하고, 우리는 모세의 부모와 같은 경건한 부모를 통해서 선한 삶을 영위할 수 있다.(여기에서 "덕의 부모"란 곧 이성의 능력을 의미한다.)

5. 우리가 이 이야기의 숨은 의미를 찾고자 할 때, 폭군이 저지하려고 했던 출생이 바로 고결한 삶의 시작이었다는 것을 알 수 있다. 그리고 정결한 삶을 시작하는 데 있어서 산파 구실을 하는 것이

곧 자유 의지이다. 왜냐하면, 자기 스스로 고결한 삶을 선택하지 않고서는 폭군을 이길 방법이 없기 때문이다.

6. 자유의지는 남자 아이(즉, 고결한 삶의 방식)를 낳게 하고, 풍부한 음식으로 이를 양육하며, 또한 물이 주는 해로움에서 피할 수 있는 방법도 알려준다. 그러나 폭군의 세상에 아이를 내보내면서도 무방비 상태로 물에 띄워 보내는 부모가 있다. 끊임없이 일어나는 욕망 때문에 이리저리 흔들리는 인생을 이와 같이 비유할 수 있는데, 이것은 물밑으로 계속 가라앉다가 익사해 버리는 헛된 인생에 불과하다.

7. 선견지명이 있는 부모는 자신의 아이를 인생의 바다에 띄워 보낼 때, 아이가 물에 빠져 죽지 않게 하기 위해서 안전한 방주를 만들어준다(출 2:3). 여러 가지 재료로 잘 만들어진 방주는 다방면의 교육을 의미하며, 이것은 삶의 과정을 통해서 얻을 수 있다.

8. 비록 방주가 물결에 의해 운반된다고는 하지만, 그 물결에 의해 교육을 받을 수 있는 곳까지 나아갈 수는 없다. 대신에 그 방주는 한쪽으로 떠밀려가다가 단단한 모래톱이 있는 곳, 즉 삶의 소요 바깥까지 밀려나게 된다.

9. 우리는 경험을 통해서, 전적으로 세상적인 삶을 살진 않지만, 그렇다고 고결한 삶을 사는 것도 아닌 사람들, 다시 말해서 세상적인 삶에 전적으로 몰입하지 않으면서도 덕을 성가시고 쓸모없는 것으로 생각하는 사람들이 이 세상에서 가장 불안하고 힘든 삶을 살고

있다는 것을 알 수 있다. 이런 삶에서 벗어나고자 하는 사람들은 모세를 본받아야만 한다. 그래서, 방주 안에 있는 것이 안전하다고 하더라도, 모세처럼 눈물을 아끼지 않고 울어야 한다. 왜냐하면, 눈물은 사람들을 덕으로 인도하는 인도자이기 때문이다.

10. 아이를 낳을 수 없는 공주(아이를 낳을 수 없는 공주는 이방 철학을 의미한다)가 어린 모세를 양자로 삼았다(출 2:10). 여기에서 성서는, 비록 그 여인과의 관계가 잘못된 것이라고 할지라도, 모세가 자신의 미숙함을 깨닫기 전까지는 이 관계를 계속 유지해야 한다고 밝히고 있다. 성숙해진 모세는 아이를 낳을 수 없는 여인이 자신의 어머니인 것을 수치스럽게 생각했다.

11. 여기에서 아이를 낳지 못한다는 것은 이방 학문을 의미한다. 왜냐하면, 산고의 고통은 항상 느끼면서도 해산을 하지 못하는 것이 이방 학문이기 때문이다. 그리고 이방 철학이 오랜 산고의 고통을 겪고 잉태된 것이라고 할지라도, 그 철학이 진정한 가치를 가지고 있는지 반문해 보고 싶다. 즉, 하나님의 지식에 의해서 조명되지 않은 이방 철학은 바람만 품은 헛된 태에 불과할 뿐이다.

12. 모세는 애굽 공주의 아들로서 오랜 명예를 누렸지만, 이제 친어머니에게로 돌아가야만 했다. 그러나 모세가 공주의 아들로 성장했지만 친어머니와 아주 헤어져 자란 것은 아니었다. 우리가 성서를 통해 알고 있듯이, 그는 친어머니의 모유를 먹고 자랐다(출 2:2-9). 여기에서 우리가 배워야 할 영적 의미는, 비록 우리가 (세상에서) 이방 학문으로 교육 받는다고 할지라도, 교회의 법률과 관습이

라는 모유를 계속해서 먹어야 한다는 사실이다. 왜냐하면, 우리의 영혼은 이 모유를 통해서만 성숙할 수 있고, 또한 더 높은 삶의 단계로 나아갈 수 있는 길도 찾을 수 있기 때문이다.

13. 모세는 자신이 세상의 가르침과 교부들의 가르침이라는 두 적대자 사이에 놓여 있음을 알았다. 이방인들은 히브리인의 가르침에 대항하면서 자신이 히브리 족속보다 더 강하다는 것을 보여 주려고 노력하고 있었다. 그래서 그들은 교부들의 신앙을 버리고 적을 위해서 싸우는 천박한 삶을 살면서, 결국 교부들의 가르침을 위반하고 말았다. 반면, 모세처럼 고귀한 영혼을 가진 사람은 참 종교를 대적하는 자를 쳐 죽인다.

14. 우리 안에서도 이와 똑같은 싸움이 일어나고 있다. 왜냐하면, 인간은 항상 선과 악이라는 두 경쟁자들 사이에 놓여 있어서 자신이 택한 자를 승리자로 만들 수 있기 때문이다. 히브리인에게 대항하는 애굽인의 투쟁은 참 종교를 대적하는 우상 숭배의 투쟁으로 해석될 수 있다. 이밖에도 자기 통제에 대항하는 음욕이나 정의에 대항하는 불의, 그리고 겸손에 대항하는 오만함이라고 할 수 있다.

15. 모세는 덕의 편에서 적을 죽이는 방법을 가르쳐 주고 있다. 참 종교의 승리는 우상 숭배의 파멸을 통해서 온다. 이와 똑같이, 불의는 정의에 의해서 소멸되고, 오만은 겸손에 의해서 없어질 수 있다.

16. 히브리인 두 사람이 싸운 사건은 우리 안에서도 일어나고 있다. 그러나 오류가 진리에 대항하지만 않는다면, 우리 안에서 세속

적인 생각은 일어나지 않을 것이다. 따라서, 악이 매우 강해서 우리가 선을 선택하기에는 너무 연약하다고 느낄 때는, 모세가 그랬던 것처럼 가능한 한 빨리 위대한 신비의 가르침(teaching of the mysteries)을 배우기 위해서 그 싸움터에서 도망쳐야만 한다.

17. 그러나 우리가 이방인과 함께 살아야만 한다면, 다시 말해서 이방 지식을 어쩔 수 없이 받아들여야 할 경우에, 우리는 그 가르침을 나쁘게 사용하려고 하는 유혹을 먼저 물리쳐야만 한다.

18. 우리는 그 싸움터에서 도망친 뒤에 은둔자의 삶을 살게 될 것이다. 이것은 선과 악이라는 경쟁자들 사이에 놓이는 일도 없고, 악과의 접촉도 없는 삶을 의미한다. 이때 목자가 양을 인도하는 것처럼, 이성이 영혼의 모든 활동을 인도해 주기 때문에 우리의 마음과 생각이 살찌게 될 것이다.

불붙은 떨기나무

19. 진리의 빛은 이렇게 고요하고 평화로운 삶을 사는 사람들에게 비춰지며, 그 사람의 영혼을 조명해 준다. 모세에게 신비한 조명으로 나타난 진리는 바로 하나님이었다.

20. 만약 떨기나무에 붙었던 불꽃이 단순한 불꽃이 아니라 예언자 정신을 일깨우는 불꽃이었다면, 이것은 매우 중요한 의미를 담

고 있다고 할 수 있다(출 3:2-3). 이것은 진리가 하나님이며, 하나님이 곧 빛으로 나타나셨다는 것을 의미한다.—복음도 하나님께서 우리들에게 빛으로 나타나신다고 증거하고 있다(요 8:12 ; 14:6)—그리고 인간에게 비추시는 이 빛을 깨닫기 위해서, 우리는 모세처럼 고결한 삶을 살아야 한다고 가르치고 있다. 하나님은 이 빛이 자연에서 유래된 빛이 아니라는 것을 알리시기 위해서, 빛을 나타내는 데 있어서 하늘의 별을 사용하지 않고 지상의 떨기나무를 사용하셨다. 하지만, 그 빛은 하늘의 그것보다도 더 찬란한 광채를 발하고 있었다.

21. 여기에서 우리는 동정녀의 신비를 배울 수 있다: 마리아가 예수를 낳았을 때 하나님의 빛이 그녀를 통해서 인류에게 비춰졌다고 할 수 있다. 그러나 하나님의 빛이 떨기나무를 태우지 않았던 것처럼, 그녀가 가진 처녀성(virginity)도 출산에 의해서 더럽혀지거나 소멸되지 않았다.

22. 또한 이 빛은 우리가 진리 안에 서야 한다고 가르치고 있다: 우리는 신발을 신은 채로는 진리의 빛을 볼 수 있는 곳까지 올라갈 수 없다. 왜냐하면, 신발은 육체와 죽음을 의미하는 것으로써, 우리가 하나님께 불순종하여 부끄러움을 알게 되었을 때 부여받은 것이기 때문이다(창 3:21). 이 영혼의 신발을 벗어 버렸을 때 우리에게 진리의 빛이 비춰질 수 있다. 그리고 우리가 어떤 존재에 대해서 확실히 알려면, 먼저 비존재에 대한 생각부터 없애야 한다.

23. 내 생각에 진리란 이런 것이다 : 즉, 존재(Being)에 대해서 그릇된 판단을 하지 않는 것이다. 오류란 비존재에 대한 잘못된 이해

에서 생겨난다. 즉, 비존재를 존재하는 것처럼 생각하는 것이다. 그러나 오랫동안 좀더 높은 철학적 숙고를 한 사람은 참 존재를 이해할 수 있다. 즉, 참 존재란 스스로 존재할 수 있는 것을 의미하며, 비존재란 단지 현상(appearance)으로 존재할 뿐, 스스로 존재할 수 없는 것임을 알게 되는 것이다.

24. 모세가 신의 현현을 통하여 하나님의 본질을 알게 되었을 때, 그는 인간의 감각이나 이해력으로 알 수 있는 것은 실제로 존재하는 것이 아니라는 것을 깨닫게 되었다. 그리고 유일한 참 존재는 우주와 모든 존재의 근원이 되시는 하나님 한분뿐이라는 사실도 깨달았다(출 3:14).

25. 비록 인간의 지혜로는 어떤 것이 실제로 존재한다고 잘못 생각할 수도 있지만, 이에 반해 인간의 이성(reason)은 참 존재이신 하나님께 의존하지 않고는 아무것도 존재할 수 없다는 것을 잘 알고 있다. 반면에, 항상 동일해서 어떤 변화에도 영향을 받지 않는 것, 그리고 스스로 충만하기 때문에 자신이 다른 것을 필요로 하진 않지만, 다른 것들이 존재하기 위해서 꼭 필요한 것—이것이 바로 실재하는 참 존재(Being)이다. 그리고 이 참 존재를 바르게 아는 것이 곧 진리를 아는 것이다.

26. 모세도 불붙은 떨기나무를 통해서 이 진리를 깨닫게 되었다. 그리고 모세처럼 세속적인 영혼의 신발을 벗고 떨기나무에서 나오는 빛을 보는 사람들, 다시 말해서 그리스도의 성육신을 통해서 우

리에게 내려온 진리의 빛(요 1:9; 14:6)을 보는 사람들도 이 진리를 깨달을 수 있다. 또한 이와 같은 사람은 다른 사람의 구원을 도와줄 수 있으며, 악한 폭군을 무찌르고, 노예 상태에 있던 사람들을 자유롭게 할 수 있다.

모세가 첫 번째로 행한 기적은 오른손과 지팡이를 사용한 것이었다.

27. 이것은 성육신의 신비를 상징하는 것처럼 보인다. 왜냐하면, 예수님의 성육신도 폭군을 죽이고 그 아래에 있던 사람들을 자유롭게 하는 신의 현현이라고 할 수 있기 때문이다.

28. 나는 이 진리를 예언서와 복음서를 통해서 깨닫게 되었다. 즉, 예언자는 "가장 거룩한 자의 오른손이 변화"했다고 말하였다. 이것은 비록 하나님의 본성이 변화하지 않는 것이긴 하지만, 나약한 인간 본성에 맞추기 위해서 인간의 모습으로 변하셨다는 것을 의미한다.

29. 모세가 손을 가슴에 넣었다 꺼내니 흉하게 변해 버렸다. 그러나 그 손을 다시 한번 넣었다 꺼내니 원래의 상태로 되돌아왔다. 여기에서 우리는 "가장 거룩한 자의 오른손"이 곧 "하나님의 품속에 있는 독생하신 예수님"(요 1:18)이라는 것을 알 수 있다.

30. 하나님의 품속에 있던 예수님이 우리에게 내려 오셨을 때, 그는 우리와 같은 모습으로 변화되었다. 그가 우리의 결함을 제거하고, 흉하게 변해버린 우리의 손을 하나님의 가슴에 넣어 주셨기 때문

에 우리는 본래의 모습을 되찾을 수 있었다. 정욕에 사로잡혀 죽을 수밖에 없었던 인간이 불변하는 하나님의 본성에 참여함으로써 불변하는 본성을 갖게 되었다.

31. 성육신의 교리를 나쁜 짐승에 비유했다는 이유 때문에, 지팡이가 뱀으로 변한 사실에 대해서 고민할 필요는 없다. 왜냐하면, 복음서에서도 이 비유를 사용하고 있기 때문이다: 즉, "모세가 광야에서 뱀을 든 것같이 인자도 들려야 하리니"(요 3:14)라고 기록하고 있다.

32. 이 성경 구절의 뜻은 이러하다. 즉, 성서에서도 뱀을 죄악의 아비로 부르고 있는데(요 8:44; 계 20:2; 창 3:1), 여기에서 뱀은 곧 죄인을 의미한다고 볼 수 있다. 그러나 사도들은 그리스도가 우리를 위해서 인간의 죄된 본성을 입으심으로 죄인이 되셨다고 증거하고 있다(고후 5:21)

33. 그러므로 이 비유는 옳다고 할 수 있다. 즉, 뱀이 곧 죄인데, 그리스도께서 죄인이 되셨다면 그 결론은 명백해진다: 그리스도께서 다름아닌 뱀이 되셨다는 것이다. 결국, 그리스도는 우리들을 구원하기 위해서 뱀이 되셨으며, 애굽의 마술사들이 만들어낸 뱀을 삼켜 버리셨다.

34. 그리고 나서, 뱀이 다시 지팡이로 변했다. 이것은 죄인들이 자신의 죄를 회개하고 믿음을 갖게 된 것을 의미한다. 왜냐하면, 이 지팡이는 믿음을 상징하는 지팡이로서, 선한 소망을 가진 사람들에

게 힘이 되기 때문이다. 성경도 "믿음은 바라는 것들의 실상이요 보지 못하는 것들의 증거"(히 11:1)가 된다고 기록하고 있다.

35. 진리에 대한 통찰력을 지닌 사람은 진리에 저항하는 사람, 즉 감각적이고 비본질적인 망상에만 사로잡혀 있는 사람들에게 신과 같은 존재(a god)가 될 수 있다(출 7:1). 그들은 참 존재에 대한 이야기를 진부한 것으로 치부해 버리는데, 이러한 예는 바로에게서 찾아 볼 수 있다: 그는 "여호와가 누구관대 내가 그의 말을 듣겠는가? 나는 여호와를 알지 못한다"(출 5:2)라고 말하고 있다. 그는 가장 비이성적이라고 할 수 있는 것, 물질적이고 세속적인 것들에 가치를 부여하고 있는 것이다.

36. 모세는 마치 운동선수가 힘든 훈련을 통해서 강해지듯이, 진리의 조명을 받아 강건해지고, 적에 대항해 싸울 수 있는 능력도 갖추게 되었다. 그리고 그는 손에 든 지팡이—이것은 믿음의 말씀(the word of faith)을 의미한다—를 가지고 애굽의 뱀들을 물리쳤다.

37. 모세의 아내는 이방인이었는데, 그녀는 항상 모세를 따랐다. 이것은 우리가 고결한 삶을 살고자 할 때 이방 교육도 필요하다는 사실을 의미한다. 실제로 도덕 철학과 자연 철학은 고결한 삶의 동반자가 될 수 있으며, 우리들이 이방 학문과 정결한 삶을 연합했다고 해서 세속적으로 타락하는 것도 아니다.

38. 할례는 해롭고 불순한 것들을 완전히 제거하기 위해서 히브리인들이 행하던 의식이었다. 그러나 모세의 아들은 이 의식을 행

하지 않았기 때문에, 길에서 만난 천사가 그들을 죽이려고 했다. 이때 모세의 아내가 아들에게 할례를 행하여 이방인의 표징을 없애고, 죽음을 면할 수 있었다.

39. 지금까지 한 이야기에서, 각 사건들이 갖고 있는 표징들을 그 순서대로 검토해보면, 고결한 삶의 발전 과정이 무엇인지 확실하게 드러날 것이다. 우리는 철학 이론속에서 세속적이고 불순한 가르침들을 종종 발견하게 된다. 이때 그런 것들을 완전히 제거하고 나면 순수한 이스라엘 민족의 가르침만 남게 될 것이다.

40. 예를 들면, 이방 철학에서도 영혼의 불멸성을 가르친다. 이것은 경건한 지식의 열매라고 할 수 있다. 그러나 이들은 또한 영혼이 한 육체에서 다른 육체로 전이되며, 이때 영혼이 이성적인 본성에서 비이성적인 본성으로 변화한다고 가르친다. 이런 가르침은 이방인이 육체적으로만 할례를 행하는 것처럼 무의미한 것이다. 이외에도 이와 같은 예는 많이 있다. 그들은 하나의 신이 있다고 하면서도 그 신을 물질로 간주한다. 즉, 그들은 신을 창조주로서 인정하지만, 창조를 함에 있어서 신은 물질을 필요로 한다고 말한다. 그리고 신은 선하면서 동시에 권능이 있다고 단정하면서도 신도 그가 관여하는 모든 일에 있어서 운명이라는 필연성에 종속되어 있다고 주장한다.

41. 그리고 선한 가르침이 어리석은 세속 철학에 의해서 어떻게 오염되었는지 상세히 기술할 수도 있다. 그러나 세속 철학의 불순물이 완전히 제거만 된다면, 진정한 가르침의 열매라는 이름으로 불릴 수 있을 것이다.

아론과의 만남

42. 다시 성경의 이야기로 되돌아가 보면, 애굽사람과의 투쟁이 시작되기 직전에 형제의 만남이 있었음을 알게 된다. 여기에서 우리는 모세가 고결한 삶을 살기 시작하면서 겪었던 싸움을 기억해 보아야 한다. 즉, 모세는 히브리인을 학대하던 애굽인과 싸웠으며, 동족과 논쟁하던 히브리인과도 싸웠다.

43. 산에서 오랜 단련을 한 뒤, 하나님의 조명에 의해서 가장 고결한 영혼을 갖게된 모세는 하나님께서 보내신 형 아론을 만나게 되었다. 이 단순한 사건을 영적인 의미로 해석해 본다면 우리에게 매우 유용할 것이다.

44. 하나님은 고결한 삶을 살아가는 사람들을 도와주신다. 그러나 이 도움은 우리가 태어날 때부터 이미 가지고 태어난 것이다. 다만, 우리가 더 높은 삶을 지향하고, 좀 더 위대한 투쟁에 참여할 때만 이 도움의 능력이 명백하게 드러난다.

45. 하나님의 도움에 대한 이론이 오해받지 않기 위해서, 여기에 대한 나의 이해를 명백하게 서술할 필요가 있을 것 같다. 교부들은 인간이 타락한 뒤에도 하나님은 이를 방치해 두지 않았으며, 그의 섭리를 포기하지도 않으셨다고 가르치고 있다. 이와 반대로, 하나님은 천사를 비물질적인 존재로 만드셔서 각 사람을 도울 수 있도록 하셨다. 그러나 이와 동시에 하나님도 악마가 인간의 삶을 고통스럽게 하고, 타락으로 이끄는 것도 허락하셨다.

46. 사람들은 이렇게 서로 다른 목적을 가지고 있는 천사와 악마 사이에 놓여 있기 때문에, 어느 쪽을 선택하든지 그것은 자신의 능력에 달려 있다고 할 수 있다. 즉, 선한 천사는 우리들을 이성으로 이끌면서, 올바른 삶을 살아가는 사람들이 누릴 수 있는 덕의 기쁨을 보여준다. 그러나 이와 반대로, 악마는 미래의 기쁨은 없지만 현재 누릴 수 있는 물질적인 쾌락, 즉 지성은 제쳐두고 감각에만 사로잡힌 쾌락을 보여준다.

47. 그런데, 만약 어떤 사람이 자신을 유혹하는 악마를 물리치고, 이성을 사용해서 천사를 선택했다면, 그것은, 마치 거울 앞에 선 것처럼, 자신의 영혼을 선한 소망 앞에 대면시킨 것을 의미한다. 그리고 하나님께서 보여주신 덕의 교훈들이 그의 순수한 영혼에 새겨지게 된다. 이런 선택을 한 사람만이 형을 만나 도움을 받을 수 있다. 여기에서 형은 인간의 영혼이 지성적으로 기능할 수 있도록 도와주는 천사를 의미하는데, 이 천사는 우리들이 바로와 대면할 때마다 나타나서 우리들을 도와준다.

48. 만약 어떤 사람이 성경 이야기의 순서와 우리들이 숙고하는 사건의 순서를 완벽하게 일치시키려고 한다면, 그는 이 둘 사이의 차이점을 발견하게 될 것이다. 그러나 이것 때문에 지금 하고 있는 전체적인 작업을 포기해서는 안 되며, 다만 각 구절들 속에서 우리가 찾고자 하는 목적이 무엇인지 항상 명심하기만 하면 된다. 즉, 서문에서 이미 밝혔듯이, 위대한 사람들의 삶은 그 뒤를 따르는 사람들을 위한 고결한 삶의 모범이 된다.

49. 그러나 이들의 삶을 본받는다는 것이 성경에 기록된 사건 그대로를 모방한다는 말은 아니다. 애굽에 체류하는 동안 그렇게 번성한 민족을 어느 누가 다시 찾을 수 있겠으며, 한 민족을 노예화하고 남자 자손을 모두 죽여 여자와 약자만 살아남도록 획책하는 폭군을 어떻게 다시 볼 수 있겠는가? 이밖에도 성서에 기록된 사건들을 재연한다는 것은 불가능하다. 그러므로, 위대한 인물들의 삶을 사건 그대로 본받을 수는 없기 때문에, 우리는 이런 사건들을 도덕적인 의미로 해석해야만 한다. 이렇게 함으로써 고결한 삶을 살기 위해 노력하는 사람들이 도움을 받게 될 것이다.

50. 만약 어떤 사건이 도덕적 해석에 알맞지 않다고 판단되면, 이 사건은 무시하도록 하겠다. 왜냐하면, 이것은 정결한 삶에 도움이 되는 것들을 찾으려고 했던 우리의 목적에 적합하지 않다고 생각하기 때문이다.

51. 어떤 사람들은 아론을 천사의 모형으로 해석한 나의 이론에 이의를 제기하기도 한다. 그들은 천사도 인간의 영혼처럼 지적이고 비물질적인 본성을 가졌으며, 인간이 창조되기 이전에 이미 존재했었다는 점, 그리고 이들이 사탄과 싸우는 사람들을 돕는 존재라는 해석은 의심없이 받아들인다. 그러나 이스라엘 백성들을 우상 숭배로 인도했던 아론을 천사의 모형으로 보는 것은 그릇된 해석이라고 여긴다.

52. 우리는 그 사람들에게 이렇게 대답할 수 있다. 즉, 앞에서 우리 목적에 적합하지 않은 성경 구절들은 무시하겠다고 말했지만,

이것이 곧 다른 이론까지도 무시하겠다는 말은 아니었다. 게다가 "형"이나 "천사"라는 단어는 경우에 따라서 상반되는 의미로 사용될 수 있는 말들이다.

53. 즉 "천사"란 말은 하나님의 천사뿐만 아니라, 사탄의 천사(고후 12:7)도 의미할 수 있는 것이다. 또한, 우리는 선한 형뿐만 아니라 악한 형도 "형"이라고 부른다. 그래서 성경도 선한 형은 고난 중에 돕는 자(잠 17:17)이며, 악한 형은 전적으로 속이는 자(렘 9:4)라고 기록하고 있는 것이다.

구원의 선포

54. 이제 다음 이야기로 넘어가 보자. 하나님의 조명으로 강건해지고, 그를 돕는 형까지 동반하게 된 모세는 이제 대담하게 이스라엘 백성의 자유를 선포할 수 있었다. 즉, 그들에게 자신의 조상들이 얼마나 고귀한 인물이었는지를 상기시켜 주면서, 벽돌을 만드는 힘겨운 노역에서 벗어날 수 있게 해주겠다고 약속했다(출 5:6ff.).

55. 이 이야기를 통해서 배울 점은 무엇인가? 그것은 회중을 지도할 수 있는 영적 훈련을 받지 못한 사람은 백성들에게 설교할

수 없다는 사실이다. 우리는 모세가 아직 어리고 고결한 삶에 미숙해 있었을 때, 싸우고 있는 두 사람에게 준 평화의 충고까지도 거절당했 었다는 것을 잘 알고 있다. 그러나 그는 지금 수만 명의 군중 앞에서 설교를 한다. 여기에서 우리는 다음과 같은 진리를 배울 수 있다: 만약 모세가 받은 것과 같은 영적 훈련을 받지 않은 채 누군가를 가르치려 하는 것은 주제넘은 것이라는 점이다.

56. 모세가 자유를 선포하자, 자유에 대한 소망이 백성들 사이에서 강하게 일어나기 시작했다. 하지만, 성난 바로는 이들에게 노역의 고통을 더욱 가중시켰다. 이런 상황은 지금도 일어나고 있다. 즉, 오늘날 자유의 말씀을 받아들이고 복음을 따르는 사람들도 유혹이라는 맹공격 앞에서 위협을 받고 있다.

57. 대부분의 사람들은 이러한 공격 앞에서도 자신의 신앙을 더욱 확고하게 지켜 나가지만, 허약한 몇몇 사람들은 항복하고 만다. 즉, 이들은 자유를 위해서 이 고통을 견디기보다는, 차라리 자유의 메시지를 받아들이지 않는 편이 더 나았을 것이라고 불평한다.

58. 이스라엘 백성들도 이와 같이 허약한 영혼을 가지고 있었기 때문에, 그들에게 구원을 선포한 자들을 원망하기 시작했다(출 5:21). 그러나 그들이 아직 어리고 미숙해서 유혹을 두려워하는 어린아이와 같이 행동했지만, 하나님의 말씀은 계속해서 이들을 선으로 인도하셨다.

59. 인간을 해롭게 하는 사탄은 사람들로 하여금 하늘은 바라

보지 않고 진흙으로 벽돌만 굽도록 만든다. 그러나 우리는 물질적인 쾌락에 속하는 것은 모두 흙과 물로 만들어진다는 사실을 잘 알고 있다.

60. 우리들은 흙과 물의 혼합물을 진흙이라고 부른다. 그리고 이런 진흙의 쾌락에 노예가 된 사람들은 그들의 욕구를 결코 충족시킬 수 없다; 왜냐하면, 하나의 욕구가 충족된다고 하더라도 또 다른 욕구가 계속해서 일어나기 때문이다. 그래서, 벽돌을 굽는 사람들은 계속되는 욕망을 채우기 위해서 좀더 많은 진흙을 끊임없이 공급해야만 하는 것이다. 이러한 사실은 인간 영혼의 한 부분을 차지하고 있는 육욕적인 부분을 보면 확실히 이해할 수 있을 것이다.

61. 한 가지 욕구를 충족시킨 사람은 곧이어 또 다른 욕구를 가지게 된다. 그는 이 새로운 욕구를 충족시켜 나가지만, 이와 동시에 또 다른 욕구가 일어나기 때문에 결코 만족할 수가 없는 것이다. 결국, 물질적인 삶의 방식에서 벗어나지 않는 한 우리들은 계속해서 이 일을 반복하게 될 것이다.

62. 복음서와 사도들의 증거로 볼 때, 벽돌을 만들기 위해서 사용된 짚과 여물은 불에 타버리고 말 헛된 물질로 해석될 수 있다(출 5:4,16-18; 마 3:12;고전 3:12).

애굽에 내린 재앙

63. 고결한 사람은 물질적 삶의 노예가 되어 있는 자들을 자유로운 삶으로 이끌어 내기를 원한다. 그러나 사도들도 증거하듯이(엡 6:11), 사탄은 그때마다 여러 가지 속임수를 도입하여 사람들이 계속해서 하나님의 율법을 거스리고 거짓된 삶을 살도록 한다. 나는 여기에서 애굽의 뱀들, 다시 말해서 모세의 지팡이에 의해서 죽임을 당한 여러 종류의 사탄적 기만에 대해서 이야기하려고 한다. 지팡이에 대해서는 앞에서 충분히 설명되었기 때문에, 이에 대해서는 생략하기로 하겠다.

64. 모세는 덕의 지팡이로 애굽인들의 지팡이를 쳐부수고 나서, 이보다 더 큰 기적을 행하기 시작했다. 이것은 사람들에게 두려움을 줄 목적이 아니라, 그들로 하여금 구원의 소망을 갖게 하는 것이었다. 즉, 이 덕의 기적에 의해서, 애굽인들은 낙담한 반면 이스라엘 백성들은 더욱 강건해질 수 있었다.

65. 여기에서 우리가 기적이 갖는 영적인 의미를 깨닫게 된다면, 우리들이 체험하는 개인적인 기적에도 이 깨달음을 적용시킬 수 있을 것이다. 즉, 진실 된 교리는 그 말씀을 듣는 자의 마음 상태에 따라서 다르게 작용한다는 것이다. 진리의 말씀은 모든 사람에게 똑같이 선포된다고 하더라도, 이것을 기꺼이 받아들이는 사람은 진리의 조명을 받게 되지만, 진리를 향해 영혼의 문을 닫은 사람들은 계속해서 무지의 어둠 속에 남아 있게 된다. 만약 이런 설명이 틀리지 않았다면, 다음의 사건도 이와 같은 방식으로 설명될 수 있을 것이다.

66. 이렇게 볼 때 이스라엘 백성들이 애굽인과 함께 살고 있었음에도 불구하고 이들에게는 재앙의 영향이 미치지 않았다는 사실은 결코 놀랄 일이 아니다. 모든 사람들이 저마다 다른 견해를 갖고 사는 도시에서도 이와 같은 상황이 벌어지고 있다고 할 수 있다. 즉, 하나님의 가르침을 따라 사는 사람들에게, 신앙의 물결은 항상 신선하고 깨끗하다. 그러나 애굽인의 생활 방식대로 악하게 살아가는 사람들에게 있어서 그 물결은 오염된 피와도 같은 것이다.

67. 사탄이 히브리인들의 깨끗한 물을 거짓으로 오염시켜 피로 변하게 만들었다. 이것은 사탄이 우리들을 거짓된 교리로 이끄는 것을 의미한다. 그러나 사탄의 책략으로 물이 붉게 변했기 때문에, 그들의 책략이 성공한 것처럼 보일지는 몰라도 이것은 시각적인 속임수에 불과했다. 그래서, 히브리인들은 계속해서 깨끗한 물을 마실 수 있었던 것이다.

68. 개구리—보기 흉하고 시끄러운 양서류로서, 더러운 악취를 풍기며 뛰어다니는 동물—의 재앙에서도 이와 똑같은 현상이 일어났다. 즉, 개구리가 집이며, 침실, 창고에까지 들어와 애굽인들의 집은 엉망이 되었지만, 히브리인들의 생활에는 전혀 영향을 주지 않았다.

69. 이런 개구리의 번식은 천박하고 이기적인 삶을 사는 사람들, 즉 진흙의 구렁텅이에서 사는 사람들에게 생겨나는 현상이다. 애굽인의 생활 방식대로 사는 사람들의 집에는 개구리가 뛰어다니고, 심지어 은밀한 장소라고 할 수 있는 창고에까지 침범하게 마련이다.

70. 이기적이고 방탕한 삶을 사는 사람들, 즉 진흙 구덩이에서 사는 사람들은 비이성적인 행동을 함으로써 온전한 인간도 아니고, 그렇다고 개구리도 아닌 비정상적인 특성을 갖게 된다. 이들은 본성적으로는 인간이지만 정욕으로 말미암아 짐승이 되었다. 이런 부류의 사람들은 본성적으로 애매한 생활 방식을 나타낸다. 게다가, 이런 특성은 침실에서 뿐만 아니라 창고까지, 그리고 집안 전체에서 풍겨 나고 있다.

71. 이런 사람들은 모든 면에서 방탕하게 살기 때문에, 어느 누구나 이들의 삶과 순수한 사람들의 삶을 확실하게 구별할 수 있다. 이 사람의 집에는 감각적인 욕망을 불러일으키는 그림들로 꽉 차 있다. 이것은 그의 본성이 병들었음을 의미하는 것이며, 이런 시각적인 행동을 통해서 자신의 영혼에 욕망을 불어 넣는 것이다. 그러나 현명한 사람의 집에는 감각적인 욕망을 삼가려는 순수한 조심성이 항상 내재해 있다.

72. 현명한 사람의 테이블은 이와 같이 순수한 것들로 채워져 있다. 하지만, 진흙 구덩이에서 뒹구는 사람들의 테이블은 개구리와 같이 세속적인 것들로 꽉 차 있다. 그리고 만약 당신이 그들의 창고, 다시 말해서 그의 생활 중에서 가장 은밀한 곳까지 보게 된다면, 아마도 개구리보다 더 음탕한 생활상을 보게 될 것이다.

바로의 강퍅함과 자유의지

73. 애굽인들에게 재앙을 내린 것이 모세가 가지고 있던 덕의 지팡이였다는 사실은 결코 놀랄 일이 못된다. 왜냐하면, 바로의 마음을 강퍅하게 하신 분이 바로 하나님이라고 하는 사실이 우리들을 더욱 놀라게 하기 때문이다(출 9:12; 롬 9:17-18). 만약 바로가 하나님의 개입으로 강퍅한 마음을 가지게 되었다면, 어떻게 그를 비난할 수 있겠는가? 그리고 방탕한 사람과 남색하는 자들에 대해 이야기하면서, 하나님의 사도도 이와 똑같은 사상을 피력한다. 즉, "저희가 마음에 하나님 두기를 싫어하매 하나님께서 저희를 그 상실한 마음대로 내어 버려두사…"(롬 1:28, 26)라고 기록하고 있다.

74. 그러나 이 사실이 성경에 기록되어 있다고 하더라도, 그리고 하나님께서 방탕한 사람들을 내버려 두는 것이 사실이라고 하더라도, 바로의 마음이 하나님에 의해서 강퍅해진 것은 결코 아니다. 만약 인간의 삶이 하나님의 개입에 의해서 결정된다면, 인간의 선택이란 무의미해질 것이며, 선한 삶과 악한 삶의 구별도 없어지고 말 것이다. 그러나 사람들은 모두 서로 다른 삶을 살고 있다—어떤 사람들은 고결한 삶을 살고 있지만, 또 다른 이들은 악한 삶으로 빠져 든다. 이런 삶의 차이가 그들 자신이 아니라 하나님의 개입에 의해서 생겨났다고 하는 것은 납득할 수 없는 이론이다. 이 차이점은 인간 각자의 선택 능력에 의해서 결정된 것이다.

75. 사도 바울은 어떤 사람을 하나님께서 부끄러운 욕망 중에

내버려 두시는지 정확하게 가르쳐 준다. 즉, 자신의 지식 속에 하나님 두기를 싫어하는 자들이다. 다시 말해서, 그들이 하나님을 받아들이지 않았기 때문에 그분의 보호를 받을 수 없고, 그래서 욕망 중에 버림 받은 것처럼 보이는 것이다. 하나님을 인정하는 데 실패했기 때문에 그들은 정욕적이고 치욕스러운 삶으로 전락하는 것이다.

76. 이것은 마치 빛을 볼 수 없는 사람이 너무 어두워서 시궁창에 빠졌다고 말하는 것과 같다. 그러나 하나님께서 화가 나서 빛을 보지 않는 자들을 시궁창으로 밀어 넣었다고 말해서는 안 된다. 여기에서 우리는 좀더 합리적인 설명을 해야 한다: 즉, 사람들이 시궁창에 빠지게 된 것은 그들 자신이 빛에 참여하기를 거부했기 때문이었다. 이제 한 가지 사실이 분명해졌다. 하나님께서 부끄러운 욕망에 내버려 두신 이들은 스스로 하나님을 인정하지 않았던 자들이었다. 그리고 바로의 마음이 강퍅해진 것도 하나님의 개입 때문이 아니라, 그의 말씀을 받아들이지 않고 악을 선택한 바로의 자유의지에 원인이 있었다.

77. 이와 같은 해석이 다른 사건에서도 적용될 수 있다. 즉, 덕의 지팡이가 애굽에 내려왔을 때, 이스라엘 백성들은 세속적인 욕망에서 벗어나 순수한 삶을 살게 되었지만, 애굽인들에게는 개구리와 같은 삶이 오히려 더욱 가중되었던 것이다.

78. 모세가 애굽인들을 위해서 두 팔을 뻗쳤을 때—당신은 모세의 팔이 무엇을 상징하는지 확실히 직감했을 것이다. 여기에서 우리는 그리스도가 십자가 위에서 우리들을 위해 두 팔을 뻗치셨던 사

실을 기억할 수 있다—개구리들이 모두 죽어 버렸다(출 8:5; 8:12). 이것은 지금도 일어나고 있는 현상이라고 할 수 있다. 즉, 잠시동안 세속적인 생각에 젖어 살았던 사람일지라도 자신을 위해서 뻗은 율법 수여자의 팔을 느끼고, 그 팔을 바라보기만 한다면, 악취를 풍기고(cf. 출 7:18), 급기야는 죽음으로 몰고갈 정욕적인 삶에서 벗어날 수 있는 것이다.

79. 구원을 받은 뒤, 개구리와 같은 세속적인 욕망에서 해방된 사람들에게 있어서, 이전의 삶의 방식은 영혼을 부끄럽게 만드는 더러운 기억에 불과할 뿐이다. 그리고 사도 바울도 세속적 삶에서 벗어나 정결한 삶을 살게 된 사람들에게 이렇게 말한다: "너희가 그때에 무슨 열매를 얻었느뇨? 이제는 너희가 그 일을 부끄러워 하나니"(롬 6:21).

80. 앞에서 제시한 해석을 염두에 두고서, 지팡이로 인해서 애굽인들의 눈이 어두워진 반면에 히브리인들에게는 계속해서 햇빛이 비춰진 사실을 고찰해 보자. 이 사건이 우리에게 주는 의미는 매우 확실하다. 한 사람은 어둠 속에 갇혀 있는 반면에 또 한 사람은 빛을 발견하게 되는 이유는 위로부터 오는 강제적인 능력 때문이 아니라, 우리 자신에게 원인이 있다는 것이다. 즉, 인간은 자유로운 선택권을 가지고 있어서 어디든 자신이 원하는 곳에 있을 수 있기 때문이다.

81. 성경의 기록을 자세히 보면, 애굽인들의 눈이 완전히 어두워진 것은 아니었음을 알 수 있다. 왜냐하면, 산과 벽의 일부가 시야에서 어두워지고 그늘이 지긴 했지만, 태양은 모두에게 똑같이 비춰

지고 있었기 때문이다. 단지, 히브리인들은 이 빛을 느낄 수 있었던 반면에, 애굽인들은 이 은총의 빛에 대해서 무감각했을 뿐이었다. 이처럼, 삶을 조명해주는 빛은 모든 사람에게 동일하게 비춰지고 있지만, 각자의 선택 능력에 따라서 그것을 수용하기도 하고 물리치기도 한다. 그래서 어떤 이들은 악한 욕망에 사로잡혀 어둠 속에 계속 남아 있기도 하지만, 반면에 또 다른 사람들의 삶은 이 빛에 의해서 고결해지기도 하는 것이다.

82. 애굽인들이 어둠의 고통을 당하다가 삼일 후 다시 빛을 보게 된 사실로 비추어 볼 때, 우리는 게헨나(Gehenna)에서 심판을 받은 뒤 얻게 될 최후의 회복에 대해서 추론해볼 수 있다. 왜냐하면, 성경에서 말하듯이, "더듬을 만한 흑암"(출 10:21)이 그 용어나 실제적인 의미에 있어서 "바깥 어두운 곳"(마 8:12)이라는 단어와 동일하다고 판단되기 때문이다. 그러나 모세가 어둠 속에 있는 사람들을 위해서 팔을 뻗칠 때, 이 어두움은 사라지고 말 것이다.

83. 우리는 애굽인들을 독종에 시달리게 했던 "풀무의 재"(출 9:8; 마 13:42)에 대해서도 이와 같은 시각에서 해석할 수 있다. 즉, "풀무"라는 용어 안에서 우리는 게헨나에서 있을 심판의 고통을 느낄 수 있다. 그러나 이것은 애굽의 삶의 방식을 좇아 사는 사람들에게 내려질 심판이었다.

84. 만약 어떤 사람이 참된 이스라엘 백성이라면, 즉 자신의 자유 의지를 통해서 자신이 선택받은 민족이라는 증거를 보여줄 수만 있다면, 그는 고통스러운 심판의 불에서 해방될 수 있을 것이다. 앞

에서 설명했듯이, 불의 심판을 받은 사람들도 모세가 뻗은 팔에 의해서 구원을 받고, 그 고통도 치유받게 될 것이다.

85. 우리가 이제까지 설명한 내용들을 모두 이해한 사람이라면, 나머지 재앙들을 해석하는 데 있어서도 어려움을 느끼진 않을 것이다: 이 나머지 재앙들이란 애굽인들을 괴롭힌 쇠파리들과 곤충들, 그리고 메뚜기로 인해 황폐해진 농작물과 우박 등이다.

86. 결론적으로 볼 때, 이 재앙의 원인은 애굽인들의 악한 자유 의지에 있었다는 것을 알 수 있다. 그리고 정의의 하나님은 이 자유 의지에 상응하는 심판을 내리신 것뿐이었다. 그러나 우리는 이 심판의 고통을 하나님께서 직접 내리신 것이라고 결론지어서는 안 된다. 오히려, 그들이 자신의 자유 의지를 이용해서 이 재앙을 만들어낸 것이라고 보아야 한다. 사도 바울도 이와 똑같은 해석을 한다: "다만 네 고집과 회개치 아니한 마음을 따라 진노의 날 곧 하나님의 의로우신 판단이 나타나는 그날에 임할 진노를 쌓는도다. 하나님께서 각 사람에게 그 행한대로 보응하시되" (롬 2:5f.).

87. 우리가 지금 설명한 것은 절제 없는 생활 때문에 위장에서 생기는 치명적인 체액에 비유될 수 있다. 의사는 그에게 약을 먹여 그것을 토하게 한 뒤, 이것이 신체적 질병에서 온 것이 아니라, 무분별한 식사 습관 때문이라고 얘기해 준다. 여기에서 우리는 다음과 같은 진리를 배울 수 있다. 즉, 어떤 사람들은 하나님께서 방탕한 사람들을 직접 심판하신다고 말하지만, 그러한 고통의 원인은 바로 인간

자신에게 있다는 사실이다.

$88.$ 죄 없이 사는 사람들에게는 어둠도, 벌레도, 게헨나도, 불도, 그리고 어떤 두려운 일도 일어나지 않는다. 그리고 이러한 사실은 애굽의 재앙이 히브리인들에게는 전혀 영향을 미치지 않았다는 점을 보아서도 알 수 있다. 똑같은 장소에서도 어떤 사람은 악하고 또 다른 사람은 악하지 않다. 이렇게 구별되는 것은 그들이 서로 다른 선택을 했기 때문이며, 이로 인해서 자신의 자유로운 선택 없이도 악해질 수 있는 사람은 없다는 사실이 명백해진다.

장자의 죽음

$89.$ 앞에서 이미 지적했듯이, 모세는 자신의 영혼이 높은 단계의 철학적 삶을 통해서, 그리고 하나님의 조명을 통해서 강건해졌을 때, 노예화된 히브리 동족들을 자유로운 삶으로 인도하지 않는 것은 부당하다고 생각하게 되었다.

$90.$ 모세가 히브리 백성들 앞에 나타나 구원을 선포했을 때, 그들은 더 힘든 노역을 감당해야만 했다. 그러나 이때 모세는 힘든 노역으로 인해서 자유에 대한 소망이 오히려 더 강렬해지도록 만들었다. 그리고 모세는 히브리 동족을 악에서 구원해야겠다는 일념으로 애굽의 장자들을 모두 죽게 만들었다. 이런 모세의 행동은 우리들에게 악의 첫 출생은 반드시 제거되어야 한다는 진리를 가르쳐 주고 있다. 다른 방법으로는 애굽의 생활에서 벗어날 길이 없었던 것이다.

91. 이 이야기에 대해서는 좀 더 충분한 해석이 필요하다고 생각된다. 왜냐하면, 우리가 단순한 역사적 사실로서 이 이야기를 받아들인다면, 하나님의 선하신 본질에 대해서 의심할 수밖에 없게 되기 때문이다. 즉, 이것은 애굽인들의 악한 행동 때문에 아직 선과 악도 구별할 줄 모르는 어린 아이가 심판을 받은 것이라고 볼 수 있는 것이다. 그러나 어린 아이들은 욕망을 가지고 있지 않기 때문에 악을 경험할 수도 없으며, 오른손과 왼손도 구별할 줄 모르는 존재들이다(cf. 욘 4:11) 어린아이는 어머니의 젖꼭지만 바라볼 뿐이며, 슬프면 울지만 본능적인 욕구가 채워지기만 하면 다시 즐거워한다. 그런데 이와 같은 어린아이가 아버지의 사악함 때문에 심판을 받는다면, 도대체 정의는 어디에 있단 말인가? 하나님의 자비는 어디에 있고, 그의 거룩함은 또 어디에 있단 말인가? 그리고 "범죄한 그 영혼은 죽을지라. 아들은 아비의 죄악을 담당치 아니할 것이요"(겔 18:20)라고 외쳤던 에스겔은 또 어디에 있는가? 결국, 이 이야기는 역사적 사실로서 받아 들어서는 안 된다는 것을 알 수 있다.

92. 우리는 이 이야기의 영적인 의미를 찾아야만 한다. 즉, 이 사건을 상징적인 의미로 받아들이면서, 모세가 이 이야기를 통해서 우리에게 가르치는 바를 믿어야만 할 것이다. 그 가르침은 다음과 같다: 우리가 정결한 삶을 살면서 악과 싸우게 될 때, 악은 그 시작부터 완전하게 소멸시켜야 한다는 것이다.

93. 악의 시작을 물리친다는 것은 곧 뒤따라올 악까지도 물리치는 것을 의미한다. 예수도 복음서를 통해 이 진리를 가르치고 있다. 즉, 그가 우리들에게 음욕을 품지 말고 화를 내지 말라고 경고한

것은, 이것이 곧 간음이나 살인과 다를 바가 없기 때문이었다(마 5:22, 28). 이것은 세속적인 악은 그 시작부터 죽이라는 명령과 같은 의미라고 볼 수 있다. 이 악들이 자생 능력을 갖고 있는 것은 아니지만, 분노는 살인을 낳고 음욕은 간음을 낳는다는 것이 분명한 사실이기 때문이다.

94. 악은 간음을 하기 전에 먼저 음욕을 품게 만들고, 살인하기 이전에 분노가 생기게 한다. 그러므로, 우리는 악의 시작을 소멸시킴으로써 뒤따라올 악의 열매까지도 물리칠 수 있다. 뱀을 예로 들면, 뱀의 머리를 쳐부술 때, 뱀의 나머지 부분도 모두 죽일 수 있는 것이다.

95. 만약 문 인방에 피를 바르지 않았더라면, 이런 일은 일어나지 않았을지도 모른다(출 12:23). 이 의미에 대해서 좀더 충분한 설명이 필요하다면, 성경에서 말하는 두 가지 사건—장자의 죽음과 문 인방에 피를 바른 자들의 무사함—을 통해서 이 필요를 충족시킬 수 있을 것이다. 전자의 경우, 악의 시작을 죽이는 것이며, 후자의 경우 우리들을 향해 들어오던 악이 어린양의 피로 인해서 발걸음을 되돌리게 된 것을 의미한다. 즉, 악이 우리 안에 들어오려 할 때 우리의 힘으로는 어쩔 수 없지만 하나님의 율법으로 물리칠 수 있다. 이 때 하나님의 율법은 악이 우리 안에 발을 들여 놓지 못하게 하는 보호벽이 된다.

96. 이스라엘 백성들은 문설주와 양쪽 문기둥에 어린양의 피를 발랐기 때문에 무사할 수 있었다. 성경은 이 표징을 통해서 영혼

(soul)의 본질에 대해서 설명하고 있다. 세속 학문에서도 영혼이 마음(mind)보다 우위를 차지하는 것으로 보고 있는데 이 영혼은 이성적인 부분과 육욕적인 부분, 그리고 영적인 부분으로 나뉘어져 있다. 그리고 이들 중 영적인 부분과 육욕적인 부분은 하위에 있다고 볼 수 있으며, 이들은 각자의 위치에서 이성적인 부분을 돕는 역할을 한다. 이와 반면에 이성적인 부분은 이들을 결합시키기 위해서, 그리고 이들의 도움을 받기 위해서 양쪽 모두와 연결되어 있다. 즉 이성적인 부분은 영적인 부분을 통해서 용기를 얻고, 육욕적인 부분을 통해서 선(the Good)에 참여하려는 욕구를 갖게 된다.

97. 그러므로 영혼이 이와 같은 방식으로 계속 유지되고 고결한 사고를 통해서 이 상태가 견고해진다면, 영혼의 모든 부분들이 선을 이루기 위해 서로 협력하게 될 것이다. 즉, 이성적인 부분과 이를 돕는 나머지 두 부분, 즉 영적인 부분과 육욕적인 부분은 상대방을 통해서 안정을 얻게 된다.

98. 만일 이 배열이 흐트러지게 되면, 다시 말해서 이성적인 부분이 밑으로 떨어지고 욕망과 영적인 부분이 이성을 짓밟게 될 때 악이 침입하게 된다. 이때는 어린양의 피를 통해서 저항하는 것도 소용이 없다. 왜냐하면, 그리스도에 대한 믿음이 이런 영혼을 가진 사람들과는 연합할 수 없기 때문이다.

99. 그래서 모세는 문설주(즉, 이성) 위에 먼저 피를 바르고, 그 다음으로 양쪽 문기둥에 피를 바르도록 명령했던 것이다. 그리고 문설주가 제자리에 있었기 때문에, 그들도 위쪽에 먼저 피를 바를 수

있었던 것이다.

100. 만약 이스라엘 민족에게 두 가지 사건—장자의 죽음과 피를 바름—이 모두 일어나지 않았다고 하더라도 그리 놀랄 일은 아니다. 그리고 악을 소멸시키는 방법에 대한 우리들의 해석을 진실이 아닌 것처럼 거절한다고 해도 그리 놀랄 일도 아니다. 왜냐하면, 단지 이스라엘과 애굽인이라는 이름 하나만으로도 우리는 선과 악의 차이점을 인식할 수 있기 때문이다. 그리고 이스라엘 백성들이 고결한 삶을 상징하고 있다는 것을 이해하기만 한다면, 다음과 같은 결론들은 상식을 통해서도 얼마든지 이끌어낼 수 있다. 즉, 상식적으로 생각해 보아도, 고결한 삶의 시작은 죽여서는 안 된다는 것과, 악한 자들은 번성하기보다는 소멸당하는 편이 더 유익하다는 것을 알 수 있기 때문이다.

101. 결론적으로, 우리들은 애굽인의 장자를 죽여야만 한다. 그렇게 함으로써 악을 완전히 멸절시킬 수 있다. 이 깨달음은 성경 기록과도 부합되는 것이다. 즉, 이스라엘의 장자들은 피를 뿌림으로써 구원을 받았는데, 이것은 선을 계속해서 성숙시키기 위한 수단이었다. 그러나 애굽인의 장자는 악으로 성숙하기 전에 완전히 소멸되어야만 했던 것이다.

애굽에서의 탈출

102. 다음에 나오는 성경 구절은 영적으로 해석해서 받아들여야만 한다. 즉, 성경은 어린양의 피는 문에 바르고, 남은 양고기는 먹으라고 지시한다.

103. 이스라엘 백성들은 이 음식을 (연회를 즐기는 것과는 달리) 매우 진지한 태도로 먹어야 했다. 연회장에서, 사람들은 긴장을 풀고 옷을 느슨하게 입은 채로 음식을 먹으며, 여행용 신발같은 것은 신지 않는다. 그러나 이스라엘 백성들은 여행용 샌들을 신고 끈으로 허리를 동여매고, 동물을 쫓는 지팡이를 손에 쥔 채 식사를 해야 했다.

104. 이 음식은 양념도 안된 양고기였으며, 단지 약한 불에 구웠을 뿐이었다. 그러나 사람들은 고기가 바닥날 때까지 서둘러서 먹어야 했으며, 먹을 수 있는 것이라면 무엇이든 먹어야 했지만 내장을 먹는 것은 금지되었다. 이 양의 뼈를 부러뜨리는 것도 금지되었으며, 남은 것은 모두 불에 태워야만 했다.

105. 이렇게 볼 때, 성경이 우리에게 좀 더 귀한 깨달음을 주려고 하는 것을 알 수 있다. 왜냐하면, 율법의 목적은 단순히 음식을 먹는 방법만을 가르치는 것이 아니기 때문이다(음식을 먹는 방법에 대해서는 먹고자 하는 인간이 본능만으로도 충분히 알 수 있는 문제이다). 그러므로, 이 이야기는 다른 의미로 해석되어야 한다. 왜냐하면, 음식을 어떤 식으로 먹든지, 그리고 허리띠를 느슨하게 매든지 단단

하게 매든지, 혹은 신발을 신었든지 안 신었든지 하는 것들은 덕이나 악의 문제와 아무런 관련도 없기 때문이다.

106. 여기에서 여행자의 장비를 갖춘다는 것이 무엇을 의미하는지는 확실하게 알 수 있다: 즉, 이것은 우리의 현재의 삶이 얼마나 덧없고 일시적인 것인가를 기억하라는 의미이다. 그러므로, 태어난 그 순간부터 우리는 출발을 해야만 한다. 그리고 그 출발을 위해서 손과 발과 의복 등을 조심스럽게 준비해야만 한다.

107. 우리는 인생의 가시(여기에서 가시는 죄를 의미한다)로부터 발을 보호하기 위해서 신발을 신어야만 한다. 신발은 자기 통제와 엄격한 삶의 방식을 의미하며, 이 신발을 신음으로써 죄가 들어오는 것을 막고, 가시도 짓밟아 버릴 수 있다.

108. 발등까지 내려오는 의복은 고결한 삶의 코스를 뛰는 자들에게 장애물이 된다. 따라서 이 의복을 세속적인 욕망과 쾌락으로 이해할 수 있다. 이 때문에 이성을 상징하고 있는 허리띠를 가능한한 단단하게 매어야 한다. 허리띠를 맨 자리는 이성의 신중함을 상징한다. 그리고 짐승을 쫓는 지팡이는 소망의 메시지를 의미한다. 이 지팡이는 우리 영혼의 나약함을 위로해 주는 동시에 우리를 위협하는 것들을 쫓아내 준다(cf. 벧전 1:13).

109. 불에 구운 음식은 곧 뜨거운 믿음이라고 말할 수 있다. 그러나 이 음식은 우리가 아무 생각도 없이 받은 것이다. 즉, 우리는 이 음식을 쉽게 얻을 수 있기 때문에 그만큼 많이 먹게 되지만, 그 음식

속에 숨겨진 깊은 사상에 대해서는 무감각하다. 다시 말해서, 우리들은 믿음의 교리를 깊게 연구하지도, 이 교리에 대해서 더 많은 것을 알려고도 하지 않은 채, 이 남은 음식들을 모두 불에 태워 버리고 마는 것이다.

110. 이 설명을 더 분명하게 이해하기 위해서 다음과 같은 예를 들어보자. 즉, 우리는 하나님의 명령을 아주 쉽게 깨달았다고 하더라도 이 명령을 준수하는 데 있어서 게을러서는 안 된다. 오히려 우리는 배고픈 사람들이 음식을 갈망하는 것처럼 하나님의 율법을 지켜야만 한다. 그래야 비로소 이 음식이 우리 몸에 영양분이 될 수 있는 것이다. 그러나 인간의 이해력을 초월한 질문들—즉, 신의 본질은 무엇인가? 창조 이전에는 무엇이 있었는가? 가시적인 세계 밖에는 무엇이 있는가? 과거에 있었던 일이 왜 또 발생하는가? 이외에도 호기심 어린 마음에서 제기될 수 있는 모든 질문들—은 오로지 성령을 통해서만 알 수 있다는 사실을 인정해야 한다. 즉, 사도 바울도 말하고 있듯이, 성령은 "하나님의 깊은 것이라도 통달한" 분이시기 때문이다(고전 2:10).

111. 성서를 많이 접한 사람은 성서에서 성령이 종종 '불'로 명명된다는 것을 잘 알고 있다. 지혜서(Wisdom)에서도 이 깨달음을 발견할 수 있다: "당신에게 너무 어려운 것들을 이해하려고 노력하지 말라.". 다시 말해서, 성서의 뼈대를 부러뜨리지 말라. 왜냐하면, 당신의 눈에 감춰진 것들은 볼 필요가 없기 때문이다.

애굽의 재물

112. 결국, 모세는 이스라엘 백성들을 애굽에서 이끌어낼 수 있었다. 즉, 모세를 따르는 사람들은 모두 애굽의 폭군으로부터 자유를 얻었으며, 모세의 명령을 따라 움직이게 되었다. 그러나 나는 덕의 길을 가는 사람들에게 애굽의 재물, 즉 이방인의 보물이 결핍되어서는 안 된다고 생각한다. 오히려 이방인들의 재물을 얻어서, 그것을 자신의 것으로 만들어야만 한다. 그리고 모세가 이스라엘 백성들에게 명령한 것도 이것이었다.

113. 만약 모세가 강탈자들과 결탁하고 그들의 우두머리가 된 것처럼 생각한다면, 이 율법 수여자의 명령을 따를 사람은 아무도 없을 것이다. 그리고 율법에서 이웃에 대한 나쁜 행위를 금지하고 있다는 사실을 아는 사람이라면, 율법 수여자인 모세가 율법 조항을 무시한 채 이런 명령을 했다고는 믿지 않을 것이다. 그러나 어떤 사람들은 이스라엘 백성들이 애굽인들에게 그 동안의 노고의 대가를 요구한 것이라고 말하기도 한다.

114. 이런 설명에도 반박의 여지가 있다: 이런 식의 설명도 모세의 명령, 즉 사기(詐欺)에 가까운 명령을 정당화시킬 수는 없다. 왜냐하면, 남의 물건을 가져와서 돌려주지 않는 것은 사기라고 할 수 있기 때문이다. 다시 말해서, 자기 소유가 아닌 물건을 자기 것처럼 쓰는 것은 사기 행위와 같다. 그러나 이스라엘 백성들이 정당하게 자기의 것이라고 생각하고 취했더라도, 그것도 여전히 사기라고 할 수 있다. 왜냐하면, 이스라엘 백성들의 생각과 달리, 애굽인들은 되돌려

받을 생각을 하고 준 것이기 때문이다.

115. 그러므로, 이 구절을 이해하기 위해서는 영적인 의미가 필요하다. 이것은 자유를 얻어 고결한 삶을 시작하는 사람들에게 이방 학문을 갖출 것을 명령하는 것이다. 그리고 여기에는 도덕 철학과 자연 철학, 지리학, 천문학, 변증법, 그리고 이밖에도 교회 밖에 있는 사람들이 연구한 학문 모두가 포함된다. 하나님이 거룩하고 신비스러운 능력으로 인간의 이성을 축복할 때, 이와 같은 학문들이 모두 유용하게 쓰일 수 있다.

116. 나중에 모세가 신비로운 성막을 짓기 시작하자, 이 보물을 소중히 간직했던 사람들이 모세에게 이것을 헌납하기 시작했다. 이들은 성막을 건축하는 데 있어서 자신의 능력에 따라 헌신을 다했던 것이다. 이런 일은 지금도 계속해서 일어나고 있다. 왜냐하면, 오늘날 많은 사람들이 세속 학문이라는 은총을 하나님의 교회를 위해서 사용하고 있기 때문이다: 이런 사람들 중의 하나가 바로 바질(Great Basil)이었다. 그는 젊은 시절에 여러 방면의 이방 학문을 모두 습득했지만, 이 재물을 하나님의 교회를 아름답게 하는 데 다 바쳤다.

구름 기둥

117. 이제 성경 본문으로 다시 돌아가 보자. 율법 수여자를 좇아 덕의 길로 들어선 자들이 애굽 영토의 경계선을 막 지났을 무렵, 유혹이라는 기병대가 뒤쫓아 와서 이들에게 좌절과 공포를 안겨 주

었다. 이런 상황에 처하게 되자, 이제 막 신앙의 길에 접어든 이들은 선을 향한 희망을 모두 잃어버리고 말았다. 모세와 백성의 지도자들은 하나님의 도움을 기대하면서, 백성들에게 두려움을 이기고 마음을 강하게 가지라고 권고하였다.

118. 만약 지도자가 하나님과 대화할 수 없는 자라면, 백성들은 하나님의 도움을 받을 수 없을 것이다. 그러나 현재 지도자의 위치에 있는 많은 사람들이 자신의 외모에만 관심을 두고 있으며, 하나님만 볼 수 있는 은밀한 부분들에 대해서는 거의 신경을 쓰지 않는다. 그러나 모세의 경우는 그렇지 않았다. 모세는 이스라엘 백성들에게 용기를 내도록 권유하는 동시에, 소리를 내지는 않았지만 하나님을 향해 울부짖고 있었던 것이다. 하나님께 전달되는 목소리는 단순한 외침이 아니라, 순수한 양심에서 우러나오는 묵상을 통해서 나온다(딤전 1:5).

119. 이런 상황에 처한 사람에게 있어서, 형의 존재는 별 도움이 되지 않는 것처럼 보인다—여기에서 나는 하나님의 명령을 받고 애굽으로 내려가다가 만난 형, 즉 천사로 해석했던 형을 의미하고 있다. 모세가 하나님을 향하여 침묵 속에 부르짖었을 때 하나님의 현현이 일어났으며, 이것은 사람이 받아들일 수 있는 방법으로 나타났다. 이것은 마치 우리가 성경 기록을 통해서 과거에 있었던 일을 알 수 있고, 그 다음으로 이 사실을 관상하고 해석함으로써 현재의 상황에 적용시킬 수 있는 것과 같다.

120. 우리가 애굽에서 탈출한 뒤 유혹의 공격을 받을 때마다,

하나님의 인도자를 통해서 예기치 못했던 도움을 받게 된다. 그리고 막강한 대적이 우리들을 꼼짝 못하게 포위할 때마다, 우리는 그 인도자를 통해서 바다를 건널 수 있게 된다.

121. 바다를 건너는 과정에서 백성들을 인도한 것은 구름이었다. 앞에서 우리는 이 구름을 성령이 주는 은총으로 해석했었다. 즉, 성령은 (그럴 가치가 있는) 사람들을 선(the Good)으로 인도하는 분이시다. 성령을 따르는 사람들은 누구든지 바다를 건널 수 있다. 왜냐하면, 성령께서 우리들을 위해 물위에 길을 만들어 주시기 때문이다. 그래서, 우리는 안전하게 자유의 땅에 이르게 되고, 다시 멍에를 얹기 위해서 우리들을 뒤쫓아 온 사람들은 물속에서 소멸 당하게 된다.

홍해를 건넘

다음의 이야기를 듣고 물의 신비에 관해 생각해 보지 않은 사람은 아무도 없을 것이다. 즉, 이 물이 애굽의 군대를 몰고 들어가 이들을 몰사시켜 버렸던 것이다(고전 10:2).

122. 애굽의 군대—말, 전차, 기사, 궁술사, 투석가, 중장기병, 군사들—가 여러 종류의 욕망을 의미한다는 것을 모를 사람이 있겠는가? 왜냐하면, 절제되지 않은 지적인 충동들, 기쁨이나 슬픔, 탐욕과 같은 감각적인 욕망들이 앞에서 열거한 애굽 군대와 구별이 안 될 정도로 비슷한 느낌을 주기 때문이다. 욕설은 투석기를 이용해 쏘

아 올리는 돌과 같으며, 영적인 충동은 흔들리는 창끝에서 느낄 수 있다. 그리고 쾌락적인 욕망은 전차를 달고 미친듯이 질주하는 말을 통해서 느낄 수 있다.

123. 애굽 군대의 전차 안에는 소위 "장관"(vizier)이라고 불리는 사람들이 세 명 타고 있었다(출 14:7;15:4). 앞에서 문설주와 양쪽 문기둥이 무엇을 의미하는지 배웠기 때문에, 전차에 타고 있는 세 사람이 무엇을 의미하는지 확실히 직감했을 것이다. 즉, 이 세 사람은 영혼의 3요소, 다시 말해서 이성적인 부분, 육욕적인 부분, 그리고 영적인 부분을 가리킨다.

124. 이스라엘 백성들을 뒤쫓아 왔던 유혹의 군대들도 이들을 따라 물밑 길로 들어섰다. 유혹을 대해 안식처를 찾는 이스라엘 백성들에게 믿음의 지팡이가 길을 내어 주고, 구름기둥이 빛을 비춰주었다. 그러나 이들을 쫓아왔던 군대는 모두 멸망당하고 말았다.

125. 성경은 이 이야기를 통해서 또 하나의 가르침을 제시하고 있다. 즉, 바다를 건넌 사람들의 모습이 어떠해야 하는가를 보여주고 있는 것이다. 이스라엘 백성들의 경우, 뒤쫓아 오던 적의 군대는 완전히 소멸당하고 이스라엘 백성들만이 땅으로 올라왔던 것이다. 그러나 만약 이들과 함께 애굽의 군대도 살아 올라왔다면, 이스라엘 백성들은 물을 건넌 후에도 애굽의 노예생활을 계속해야 했을 것이다. 이 설명을 좀더 확실하게 이해하길 원한다면, 다음과 같이 얘기할 수 있다: 세례 때에 신비스러운 물에 들어간 사람은 그 물속에서 악의 군대—탐욕, 억제되지 않은 충동, 탐욕스런 생각, 기만과

오만, 거친 충동, 분노, 화, 악한 마음, 질투, 그리고 이와 같은 모든 종류의 악—를 모두 소멸시키고 나와야만 한다. 인간 본성이 욕망을 갖게 되는 것이 당연하긴 하지만, 우리는 이 물속에서 악한 행동뿐만 아니라 마음의 나쁜 생각까지도 모두 죽여야만 한다.

126. 첫 유월절(pasch: 이것은 희생제물의 이름이며, 이 제물의 피를 이용해서 장자의 죽음을 면할 수 있었다)에 누룩 없는 빵을 먹었던 것처럼, 율법은 우리들에게 유월절마다 누룩 없는 빵을 먹도록 규정하고 있다(고전 5:7)—여기에서 누룩이 없다는 것은 효모를 섞지 않았다는 것을 의미한다. 이 율법 조항은 물을 건넌 후, 우리들의 삶에 악한 것들이 섞여서는 안 된다고 말하고 있다. 우리는 물을 건넌 후 완전히 새로운 삶을 살아야 하며, 이런 근본적인 변화를 통해서만 계속해서 일어나는 악을 소멸시킬 수 있다. 결국 구원의 세계를 통해서 애굽 군대(즉, 모든 형태의 악; cf. 살전 5:22)를 모두 익사시킨 후에 어떤 것도 동반하지 않은 채 홀로 빠져 나와야만 한다. 그리고 우리는 그 물속에서 우리의 적과 친구를 구별할 수 있다. 즉, 적은 물 속에서 멸망당하지만, 친구는 우리에게 새삶을 가져다주기 때문이다.

127. 이런 율법의 가르침을 무시한 채 세례를 받은 사람들은 새삶과 함께 누룩이 섞인 옛생활도 유지하고 있다. 다시 말해서, 이런 사람들은 바다를 건넌 뒤에도 여전히 애굽의 노예가 되어서 그들의 명령에 순종하고 있는 것과 같다.

128. 예를 들어 도둑질이나 부정한 행위를 통해 부자가 된 사

람, 위증을 해 재산을 모은 사람, 간음을 하는 사람 등은 세례를 받을 때 금하기로 맹세했던 것들을 여전히 행하고 있는 사람들이다. 이들은 계속해서 악한 삶을 살면서도 자신이 세례를 통해 악의 멍에에서 해방되었다고 생각할지 모르겠지만, 실제로는 자신이 아직도 욕망의 멍에 아래 놓여 있다는 사실을 느끼지 못하고 있을 뿐이다.

129. 억제되지 않은 욕망은 곧 가혹한 폭군이라고 할 수 있다. 이 폭군은 쾌락이라는 채찍을 사용해서, 이성을 노예로 부리고 있다. 그리고 탐욕도 또 다른 종류의 폭군이라고 할 수 있다. 그는 사람들에게 전혀 안식을 주지 않고 계속해서 다른 것들을 요구하고 있다. 그래서 이 폭군의 멍에를 맨 사람들은 항상 또 다른 것을 추구해야만 한다. 이 밖에 다른 악들도 사람들을 노예로 만드는 폭군이라고 할 수 있다. 만약, 어떤 사람이 세례를 받은 뒤에도 이 폭군들에게 얽매어 산다면, 이런 사람들은 악한 군주를 소멸시키는 신비스러운 물을 진정으로 건넌 것이 아니라고 판단된다.

광야에서의 첫 정착지

130. 애굽인들을 소멸시키고 바다를 건넌 사람들은 믿음의 지팡이를 가진 모세를 바라보는 데만 그치지 않았다: 이들은 여기에서 한 걸음 더 나아가서 하나님을 믿게 되었으며, 그의 종 모세에게 순종하기 시작했다(출 14:31). 이 사실은 세례를 받고 하나님께 헌신하며, 주님의 성직자들에게 순종하는 사람들을 통해서 지금도 확인

할 수 있다(히 13:17).

131. 이스라엘 백성들이 바다를 건넌 후, 석 달을 걸어서 한 장소에 도착하게 되었다. 이곳에는 도저히 마실 수 없을 정도로 쓴물이 있었지만, 이 물 속에 나무토막을 넣자 단물로 변해 버렸다.

132. 이 이야기는 지금도 일어나고 있는 일이다. 왜냐하면, 바다를 건너 세속적인 쾌락을 뒤로 한 사람들에게 있어서, 이런 쾌락이 없는 삶이 처음에는 힘들고 어려운 것처럼 보이기 때문이다. 그러나 나무토막이 물에 던져지면, 다시 말해서 부활(여기에서 부활은 나무에서 시작되었음을 인정해야 한다. 즉, 당신이 '나무'라는 말을 들었을 때, 그것은 곧 '십자가'를 연상하게 만들기 때문이다)의 신비를 체험하고 나면, 고결한 삶의 달콤함이 쾌락적 삶에서 느낀 것보다 더 크다는 사실을 알게 될 것이다.

133. 여행 중 두 번째 도착한 휴식 장소는 종려나무와 샘물이 많은 곳이었는데, 이곳은 여행자들에게 생기를 줄 만큼 아름다운 곳이었다. 거기에는 매우 맑고 깨끗한 샘물이 열두 개가 있었고, 긴 연륜을 자랑하는 종려나무 칠십여 그루가 있었다. 그렇다면, 이 이야기를 통해서 우리가 발견할 수 있는 진리는 무엇인가? 그것은 목마른 자들에게 고결한 물을 마실 수 있게 했던 나무토막, 그 나무토막이 이번에는 우리들을 열두 개의 샘물과 칠십 개의 종려나무, 즉 복음의 가르침으로 인도했다는 사실이다.

134. 이 샘물은 주님께서 말씀을 전파하기 위해 선택하신 열

두 사도를 의미한다. 한 예언자는 말씀을 전파하는 사도들에 대해서 다음과 같이 예언하고 있다: "이스라엘의 근원에서 나온 너희여, 교회 안에서 하나님 곧 주를 송축할찌어다"(시 68:26) 또한 칠십 그루의 종려나무는 전세계로 보내기 위해서 임명한 칠십 문도를 의미한다: 이들도 종려나무의 갯수와 같이 칠십 명이었다.

135. 본문을 따라 계속 나아가는 것이 알맞다고 생각되지만, 학구적인 사람들을 위해서, 이 곳에서 있었던 몇 가지 사건을 좀 더 관찰해 보는 것도 유익할 것이다. 이들이 장막을 쳤던 장소, 즉 구름 기둥을 좇아온 사람들이 생기를 얻은 장소는 곧 덕을 의미한다. 간단히 몇 마디 언급하고 이 휴식 장소를 지나친다 하더라도, 반석의 기적에 대해서는 상기하여야 할 것 같다. 즉, 단단한 특성을 가진 바위가 목마른 사람들이 마실 수 있는 물이 되었는데, 이것은 그 단단함이 물의 부드러움으로 풀어진 결과라고 할 수 있다.

136. 이 이야기의 과정들을 영적인 의미로 해석하는 것이 그리 어려운 일은 아니다. 물 속에서 애굽 군대를 소멸시키고, 나뭇가지로 인해 삶의 단맛을 느끼고, 열두 사도와도 같은 맑은 샘물을 마시고, 그리고 종려나무 그늘에서 휴식을 취한 사람들은 이미 그리스도를 만날 수 있는 자격을 갖춘 자들이다. 즉, 사도가 증거한대로, 반석은 곧 그리스도를 의미한다(고전 10:4). 불신자들에게 있어서 그리스도는 수분도 없는 단단한 바윗덩어리에 불과하지만, 신앙의 지팡이를 가진 자들에게 있어서 그리스도는 마실 물이 되어서 이들의 몸 속으로 흘러 들어가는 것이다. 그래서, 그리스도 자신도 이렇게 말씀하셨다. "나와 내 아버지가 저에게 와서 거처를 저와 함께 하리

라"(요 14:23).

만나

137. 영적인 의미로 이해되어야 할 또 하나의 사건이 있다. 고결한 삶을 시작한 사람들이 바다를 건넌 후 단물을 마시고, 샘물과 종려나무가 있는 곳에서 휴식을 취했으며, 반석에서 나오는 물을 마셨다. 그러나 이런 일이 있은 후에, 그들이 애굽에서 준비해 왔던 양식이 바닥나 버리고 말았다(출 16:2). 이때 하늘로부터 양식이 내려왔다. 그리고 이 양식은 한 가지 형태에 불과했지만, 매우 다양한 맛을 내는 음식이라고 할 수 있었다. 즉, 이 음식은 겉으로 보기에는 똑같았지만, 질적인 면에서 보면 여러 종류의 음식과 다름이 없었다. 왜냐하면, 이 음식은 여러 사람이 가진 각각의 입맛을 다 만족시켜 줄 수 있었기 때문이다.

138. 여기에서 우리가 깨달은 점은 무엇인가? 우리는 애굽적인 생활, 즉 이방인의 삶으로부터 자신을 정화시켜야 하며, 그렇게 함으로써 세속적인 욕망으로 가득 찼던 영혼의 자루를 깨끗이 비워야만 한다는 사실이다. 우리가 이렇게 순수한 영혼을 가졌을 때, 하늘로부터 내려오는 양식, 즉 씨를 뿌리지 않고도 얻을 수 있는 양식을 먹을 수 있는 것이다. 이 양식은 하늘로부터 내려왔기 때문에, 씨를 뿌리거나 열매가 익는 과정 없이도 땅에서 거둘 수 있었다.

139. 이 이야기를 통해서 진정한 양식이 무엇인지 확실히 깨달았을 것이다: 즉, 위로부터 내려오는 양식은 결코 비실체적인 것이 아니라는 사실이다(요 6:51). 눈에 보이지도 않는 것이 어떻게 우리 육체에 영양을 줄 수 있겠는가? 이 양식은 경작하거나 씨뿌림으로 생긴 것은 아니었지만, 배고픈 자들이 얼마든지 먹을 수 있도록 온 땅위에 가득 차 있었다. 이 기적은 우리들에게 동정녀의 신비를 깨닫도록 해 준다.

140. 땅에서 생겨나지 않고 하늘에서부터 내려온 이 양식은 곧 하나님의 말씀이다. 그리고 하나님은 이 음식을 각자의 기호에 맞도록 여러 모양으로 변화시키신다. 즉, 이 양식은 우유가 되기도 하고 고기나 야채가 되기도 한다. 이 음식을 먹는 사람의 기호대로, 그리고 그들이 잘 소화시킬 수 있는 모양으로 변화되는 것이다. 그래서, 사도 바울도 주님의 말씀을 다음과 같은 방법으로 가르쳤던 것이다—그의 메시지를 성숙한 사람에게는 고기로 만들어 가르치고, 연약한 사람에게는 야채로, 그리고 어린아이와 같은 자들에게는 우유로 만들어 가르쳤다(히 5:12ff.; 롬 14:1; 고전 3:2).

141. 이 음식과 관련된 이야기가 무엇이든지 간에, 이것들은 모두 고결한 삶에 대해 가르치고 있는 것이다. 사람들은 모두 이 음식을 동등하게 분배받았다. 음식을 모으는 사람들의 나이나 능력이 모두 달랐겠지만, 이것 때문에 모은 음식의 양이 차이가 나진 않았다: 즉, 그들은 필요한 양보다 더하지도, 덜하지도 않게 양식을 모았다. 나는 여기에서 일반적으로 적용될 수 있는 충고를 하려고 한다: 즉, 살아가면서 필요한 물질적인 것들은 그 필요량을 초과해서는 안 되

며, 이때 필요량이란 곧 하루에 즐길 수 있을 만큼의 양을 의미한다는 것이다.

142. 만일 어떤 사람이 더 많이 거둬들였다고 하더라도, 인간의 위장이 정량을 초과할 수는 없으며, 탐욕스런 욕망 때문에 위장을 늘어나게 할 수도 없다. 그러나 성경은 우리에게 다음과 같은 사실을 알려준다. 즉, 양식을 많이 거둔 사람도 풍족하다고 할 수 없었으며(왜냐하면, 남은 양식을 저장할 장소가 없었기 때문이다), 적게 거둔 사람도 부족함을 느낄 수 없었다(왜냐하면, 자신이 갖고 있는 양식의 양에 따라서, 그 필요량이 줄어들었기 때문이다).

143. 성서는 상징적인 사건 하나를 들어서 탐욕에 눈이 어두운 사람들에게 경고를 주고 있다. 즉, 탐욕스런 사람들이 내일을 위해 쌓아둔 양식은 모두 벌레로 변해 버렸다. 다시 말해서, 탐욕 때문에 필요량보다 더 많이 거둔 양식들은 다음날—미래의 삶을 의미한다—벌레가 되었다. 여기에서 "벌레"란 탐욕을 상징하는 것으로서, 성경에서 말하는 죽지 않는 구더기로 해석될 수 있다(막 9:48; 사 66:24).

144. 저장했던 양식이 변하지 않고 그대로 남아 있는 경우도 있었다. 이것은 유일하게 안식일에만 일어난 일이었는데, 여기에서 우리는 다음과 같은 진리를 배울 수 있다: 인간이 세상을 살아가면서 꼭 모아야만 할 때가 있다—그리고 이때 모은 것들은 결코 썩지 않는다. 그리고 이 세상에서의 준비기간이 끝나고 죽음이라는 휴식에 들어갔을 때, 그것들이 유용해질 것이다. 안식일 전날은 안식일을

위한 준비의 날로 불려진다. 이날은 곧 다가올 미래의 삶을 준비하는 현세의 삶으로 해석될 수 있다.

145. 미래의 삶 속에서는 현재 우리가 하고 있는 일을 하지 않는다―경작도, 상업도, 군사적인 의무도, 이 세상에서 추구하던 그 어떤 일도 하지 않는다. 그러나 이렇게 완전한 휴식을 취하면서도, 이 세상에서 뿌렸던 씨앗의 열매는 거둬들여야만 한다. 만약 이 세상에서 선한 삶의 씨앗을 뿌렸다면 그 열매도 썩지 않겠지만, 이와 반대의 경우에 그 열매는 썩어 없어지고 말 것이다. 그래서 성경도 다음과 같이 기록하고 있다. "자기의 육체를 위하여 심는 자는 육체로부터 썩어진 것을 거두고, 성령을 위하여 심는 자는 성령으로부터 영생을 거두리라"(갈6:8).

146. 더 좋은 것을 예비하는 것이 곧 진정한 의미의 예비라고 할 수 있다. 그리고 이런 예비는 율법에서도 규정되어 있으며, 이렇게 저장된 것은 썩어 없어지지도 않는다. 그러나 반대의 경우, 즉 더 나쁜 것을 예비하는 것은 진정한 예비가 아니며, 예비라고 부를 수도 없다. 다만 예비를 결여한 것이라고 말해야 한다. 그래서 성경도 더 좋은 것을 예비하라고 규정하고 있으며, 현명한 사람이라면 예비의 반대는 나쁜 것을 예비하는 것이 아니라, 예비를 하지 않는 것이라는 사실을 깨달아야 한다고 말하고 있는 것이다.

아말렉과의 전쟁

147. 군대를 징발할 때, 먼저 돈을 주고 전투에 나가도록 하는 것처럼, 이스라엘의 덕의 군사들도 신비스러운 돈(mystical money)을 받은 뒤, 모세의 계승자인 여호수아를 따라 전쟁터로 나아갔다.

148. 당신은 지금까지 한 성서의 이야기를 잘 상기해야만 한다. 폭군의 횡포에 대항할 힘이 없는 사람은 혼자 힘으로는 그 폭군을 제거할 수 없다. 누군가가 그 폭군의 등 뒤에서 일격을 가함으로써 약자를 도와야 한다. 그러나 폭군의 멍에로부터 자유로워진 뒤 나뭇가지로 인해 단물을 마시고, 종려나무 사이에서 생기를 얻고, 반석의 신비로움을 체험하게 되고, 그리고 하늘의 양식을 먹은 사람은 남의 도움을 받지 않고도 대적을 물리칠 수 있다. 이제 그는 어린아이가 아니라 젊은 이의 패기를 가졌기 때문에, 모세의 도움 없이 하나님만을 의지하여 대적에게 대항할 수 있게 되었다. 그리고 율법은 처음부터 "하늘에 있는 것의 모형과 그림자"(cf. 히 8:5)였기 때문에, 적과의 실제적인 싸움에 있어서는 별다른 도움이 안 된다고 생각된다. 그러므로, 이 싸움에 율법의 수여자인 모세가 나가지 않았던 것이다. 그러나 모세 대신에 율법의 성취자이며 계승자인 여호수아가 군대장관의 임무를 수행하였다: 이때부터 여호수아는 군대 장관이라는 이름으로 이스라엘 백성들에게 알려지기 시작했다.

149. 전투 중에 있던 이스라엘 백성들은 모세의 손이 높이 들려지면 적을 이기기 시작했으나, 그 손이 내려오면 곧 적에게 쫓기기 시작했다. 여기에서 높이 쳐든 모세의 손은 고매한 통찰력으로 율법을 관상하는 것을 의미한다: 이와 반면에, 땅을 향해 내려온 그의 손은 율법에 대한 저급한 문자적 해석과, 이로 인해 생기는 잘못된 율

법 준수를 의미한다.

150. 모세의 손이 피곤해지자 제사장의 무리들이 모세를 도와주었다. 이것도 역시 영적인 의미를 가지고 있는 사건이다. 왜냐하면, 진정한 제사장직이란, 유대인들이 해석을 잘못해서 땅에 떨어 뜨려 버린 율법의 권위를 하나님의 말씀과 직접 연결시킴으로써 다시 복귀시키는 것을 의미하기 때문이다. 즉, 제사장들은 율법의 권위가 땅에 떨어지지 않도록 그 기초를 돌로 받쳐주어야만 한다. 그래서 율법(위로 뻗친 팔이 곧 율법을 의미한다)의 진정한 목적이 무엇인지 모든 사람들이 확실히 알 수 있도록 해야 한다.

151. 정결한 눈을 가진 사람이라면, 율법 안에서 십자가의 신비를 이끌어낼 수 있을 것이다. 그리고 복음서의 증거, 즉 "**율법의 일점 일획도 없어지지 아니할 것이다**"(마 5:18)라는 증거도 곧 십자가를 상징하고 있다. 왜냐하면, 일점과 일획이라는 것이 곧 수평선과 수직선을 의미한다고 할 때, 이 두 선을 통해서 우리는 십자가를 연상할 수 있기 때문이다. 또한, 모세는 우리들에게 율법의 진정한 목적이 무엇인지를 깨달은 자의 모습을 보여 주고 있다.

신의 현현하신 산

152. 성서는 다시 우리들을 더 높은 단계의 덕으로 이끌고 간다. 하늘의 양식으로 힘을 얻고, 대적과의 싸움에서 승리해 그 능력을 인정받은 사람들은 하나님에 대한 지식을 얻을 수 있다. 성경은 우리들이 하나님의 현시를 받기 전에, 즉 하나님의 나팔 소리를 듣기 전에, 그리고 하나님의 율법을 받기 위해서 하나님이 계시는 암흑 속으로 들어가기 전에, 먼저 해야 할 일이 무엇인지 가르쳐 준다. 그러나 이 조건이 충족되지 않았기 때문에 첫 돌판이 깨져 버리고, 우리가 만든 돌판을 다시 가져가서, 첫 돌판의 내용을 하나님께서 써주시도록 해야만 했던 것이다.

153. 여기에서 성서 이야기의 순서를 다시 한번 기억해 보는 것이 도움이 될 것이다. 그래서, 이 구절에 대한 영적 의미는 다음에 언급해야 할 것 같다. 모세와 구름기둥—여기에서 모세는 율법 조항들을 의미하며, 이들을 이끈 구름기둥은 율법의 올바른 해석을 의미한다—을 좇는 사람들은 덕의 길에 들어선 자들이라고 할 수 있다. 이들은 바다를 건너 깨끗하게 되고, 애굽 군대를 소멸시켰으며, 마라의 물을 마신 사람들이었다. 즉, 마라의 물은 쾌락을 포기한 삶을 의미하며, 이런 삶이 처음에는 쓴맛으로 느껴졌지만, 나무토막을 받아들인 자들에게는 단물로 변하였다. 또한, 이들은 샘물과 종려나무(이것은 복음을 증거하는 사도들을 가리키며, 사도들은 곧 반석에서 나온 물로 가득 찬 자들이라고 할 수 있다)의 아름다움을 만끽하고, 하늘의 양식을 먹었으며, 대적을 대항해 싸울 수 있는 능력을 갖춘 사람들이었다. 마지막으로, 이들은 모세의 뻗친 손을 통해서 십자가

의 신비를 알게 되었다. 처음부터 끝까지, 이 과정을 다 거친 사람들만이 하나님이라는 초월적 존재를 관상하는 데까지 오를 수 있다.

154. 하나님을 알 수 있는 방법은 한 마디로 정결(貞潔)이라고 할 수 있다. 그리고 여기에는 육체의 성결뿐만 아니라 의복의 깨끗함도 포함된다(출 19:10). 이것은 참 존재이신 하나님을 관상하기 위해서는 영혼과 육체, 모든 면에서 흠 없이 정결해야 한다는 것을 의미한다. 영혼을 깨끗이 해야 한다는 것은, 하나님께서 숨겨진 부분까지 볼 수 있는 분이기 때문이며, 가시적인 외모 또한 영혼의 정결함과 일치시키기 위해서 깨끗이 해야 한다.

155. 하나님은 이런 이유 때문에 산을 오르기 전 의복을 깨끗이 하라고 명령하신 것이다. 그리고 이 의복은 곧 삶의 외적 상태를 상징한다고 할 수 있다. 아마도 옷에 묻은 얼룩 때문에 하나님께 나아가지 못한다고 말할 사람은 아무도 없을 것이다. 내 생각에도, 여기에서 "의복"은 물질적인 삶의 추구를 의미한다고 본다.

156. 이런 조건들이 충족되고, 동물들이 접근하지 못하도록 산에서 멀리 몰아낸 후에, 모세는 산을 오를 수 있었다. 비이성적인 동물의 접근을 금했다는 것은 다음과 같은 사실을 상징한다. 즉, 우리가 하나님을 관상할 때 감각적인 지식들은 모두 없애 버려야 한다는 것이다. 왜냐하면, 오로지 감각에만 의존하는 것이 비이성적인 동물들의 특징이기 때문이다. 동물들의 귀와 눈은 항상 이들의 욕망을 자극하고 있다. 비이성적인 동물들은 감각적인 기능들을 필요로 하는데, 이것은 그들이 살아가는 데 있어서 이 감각적인 기능들이 중요한

역할을 담당하기 때문이다.

157. 하나님을 관상한다는 것은 시각이나 청각으로 가능한 것도 아니며, 인간의 마음으로 하나님을 알 수 있는 것도 아니다. 왜냐하면, 이것은 눈으로 보지 못하고, 귀로도 듣지 못하고 사람의 마음으로도 생각지 못하는 것이기 때문이다(고전 2:9; 사 64:4). 숭고한 존재에 대해서 알고자 하는 사람들은 먼저 모든 감각과 비이성적인 감정들을 없애고 자신의 삶을 정화시켜야 한다. 그리고 자신의 지성에서 선입견을 제거해야 하며, 감각적인 인식들도 모두 물리쳐야 한다. 이렇게 정결해진 후에야, 그 산을 오를 수 있다.

158. 하나님을 안다는 것은 험준한 산을 올라가는 것과 같다―대다수의 사람들은 이 산 밑에도 이르지 못하고 있다. 그러나 성경에서 이야기하는 것처럼, 모세와 같은 사람은 그 산을 올라갈 수 있을 뿐만 아니라, 다가갈수록 더욱 커지는 나팔소리도 들을 수 있을 것이다(출 19:19). 즉, 하나님에 대한 가르침은 우리의 귀를 두드리는 나팔소리와 같다. 그리고 이 소리는 처음에도 큰 소리였지만, 나중에는 훨씬 더 큰소리가 될 것이다.

159. 율법과 선지자들은 사람들에게 성육신의 신비를 나팔 불어 알려 주었다. 그러나 이 첫 소리는 불신자들의 귀를 때리기에는 너무나도 약한 소리였기 때문에, 귀가 먼 유대인들은 그 나팔소리를 들을 수 없었다. 그러나 성경에 따르면, 나팔소리가 가까워질수록, 그 소리도 점점 커졌다고 했다. 결국, 마지막 소리, 즉 복음의 선포를 통해서 나온 소리는 그들의 귀를 때릴 수 있게 되었다. 성령이 대변

자라는 도구를 사용해서서 그들의 목소리가 점점 더 커지도록 하셨던 것인데, 여기에서 성령이 사용한 도구란 선지자들과 사도들을 의미한다. 결국, 시편 기자가 말하는 것처럼, 그들의 목소리가 온세상에 전해지고, 그들의 메시지는 땅끝까지 전파되었다(시 18:5).

160. 이스라엘 백성들은 하나님의 목소리를 더 이상 들을 수 없었기 때문에, 신의 비밀을 배우고 그 가르침을 다른 사람들에게 전하기 위해서는 모세를 의존해야만 했다. 이것은 교회에 있어야 할 모습이라고 할 수 있다: 즉, 하나님의 신비를 배우기 위해 모든 사람들이 다 성직자가 될 필요는 없으며, 이중에서 하나님의 신비를 들을 수 있는 사람을 선택해야 한다. 대중들은 그의 말에 귀를 기울여야 하며, 그가 무슨 말을 하든지 그 말이 곧 하나님의 말씀이라고 신실하게 믿어야 할 것이다.

161. "다 사도겠느냐 다 선지자겠느냐"(고전 12:29)하는 이 경고가 오늘날 교회 안에서 받아들여지지 않고 있는 것 같다. 왜냐하면, 오늘날의 교회는 아직도 삶의 방식을 정화시키지 못한 채 얼룩진 삶의 의복을 입고, 비이성적인 감각으로 가득 찬 사람들을 산에 오르도록 내버려 두고 있기 때문이다.

암흑

162. 모세가 암흑 속으로 들어가 하나님을 보았다는 것은 무엇을 의미하는가?(출 20:21). 지금부터 이야기할 하나님의 현현은 처

음의 방식과 대조되는 것처럼 보인다. 즉, 지금까지 하나님께서는 빛 가운데 나팔소리로 말씀하셨지만, 이제는 암흑 속에서 자신을 보이고 계신 것이다. 그러나 이것이 우리가 관상해온 사건과 모순되는 것이라고 생각해서는 안 된다. 우리는 종교를 처음으로 갖게 된 사람들이 그 종교를 빛으로 인식한다는 것을 잘 알고 있다. 그래서, 이들에게 있어서 암흑은 종교와 상반되는 것이라고 할 수 있으며, 이 종교의 빛에 들어옴으로써 암흑에서 벗어났다고 생각하는 것이다. 그러나 이들이 열심히 노력해서 종교적으로 성장한 뒤 그 궁극적인 실체를 이해하려고 하면 할수록, 그리고 그 실체에 대해서 관상하면 할수록, 하나님의 본질이 무엇인지 안다는 것은 불가능하다는 사실을 인정하게 된다.

163. 우리가 하나님을 보기 위해서는 먼저 가시적인 것과 관련된 모든 것을 버려야만 한다. 즉, 눈에 보이는 것뿐만 아니라 눈에 보인다고 생각하는 것까지 다 버려야만 한다. 그 다음에는, 비가시적이고 이해될 수 없는 것에 도달할 수 있을 때까지, 지적인 열망을 가지고 깊은 관상을 계속 해야 한다. 그러면, 바로 거기에서 하나님을 볼 수 있게 된다. 이것이 바로 우리가 찾던 참지식이다; 이것은 비가시적이면서도 가시적인 것이라고 할 수 있다. 왜냐하면, 이 존재는 인간의 모든 지식을 초월해 있으며, 우리가 이해할 수 없는 곳, 즉 암흑과 같은 곳에 홀로 계시는 분이시기 때문이다. 그래서, 그 암흑 속까지 들어갔던 요한까지도 "하나님을 본 사람이 없다"(요 1:18)고 말하였던 것이다. 이 말은 하나님의 본질을 안다는 것은 인간뿐만 아니라, 이성을 가진 모든 피조물에게 있어서 불가능한 일이라는 것을 증거하고 있다.

164. 모세도 이 사실을 깨닫게 되자, 암흑 속에서 하나님을 볼 수 있었다. 다시 말해서, 모세도 하나님의 존재는 인간의 모든 지식과 이해를 초월한 존재라는 사실을 깨닫게 된 것이다. 그러므로, 성경에서도, "모세는 하나님의 계신 암흑으로 가까이 가니라"(출 20:21)라고 기록하고 있다. 그렇다면, 하나님은 어떤 존재인가? 다윗이 말한 것처럼, 하나님은 암흑이라는 은밀한 곳(시 17:12)에 홀로 계시는 분이지만, 동시에 그 은밀하고 신비스러운 암흑 속으로 우리를 이끄시는 분이시기도 하다.

165. 모세가 이미 알고 있었음에도 불구하고, 하나님은 모세가 암흑 속으로 들어갔을 때, 신의 초월성에 대해서 다시 한번 가르쳐 주셨다. 이것은 아마도 우리에게 이 교리를 확실히 알리시기 위해서, 하나님이 직접 증거하신 것이라고 생각된다. 즉, 하나님은 자신이 인간의 지식으로 알 수 있는 것과도 같아져서는 안 된다고 경고하셨다(출 20:2-3). 왜냐하면, 하나님의 본성을 추측하고 이해하기 위해서, 인간이 인식할 수 있는 상(image)을 설정해 놓고 그 상을 통해서 하나님을 알고자 하는 것은 우상 숭배에 불과할 뿐이기 때문이다. 그리고 이런 방식으로 하나님을 가르친다는 것도 불가능한 일이다.

166. 종교적 덕은 신에 대한 부분과 의로운 행동(즉, 정결한 삶은 종교의 한 부분이기 때문이다)에 대한 부분, 두 부분으로 나뉘어 있다. 처음에 모세는 하나님에 대해서 알아야 할 것들을 배웠다(즉, 인간의 이해력으로 알 수 있는 것은 하나님을 칭하는 데 사용될 수 없다는 가르침이었다). 그리고 나서, 덕의 또 다른 측면, 즉 고결한 삶을 완벽하게 살기 위한 생활 방법을 배웠다.

167. 이후에 모세는 손으로 만들어진 것이 아닌 성소에 이르렀다. 어느 누가 마음을 이렇게 높은 단계까지 고양시킨 모세를 따라 갈 수 있겠으며, 어느 누가 현재의 자신의 위치보다 더 높은 단계에 오르기 위해서 끊임없이 노력하는 사람을 따라 갈 수 있겠는가? 처음에 그는 하나님의 산을 오를 수 없는 연약한 자들을 돌려 보내고 산등성이에 홀로 남아 있었다. 그러나 용감하게 산을 올라가자 나팔 소리를 들을 수 있었다. 그리고 그는 하나님을 알 수 있는 신비로운 성소, 즉 암흑 속으로 들어 가게 되었다. 그러나 그는 여기에서 머무르지 않고 손으로 만들어진 것이 아닌 성막에 들어갈 수 있었다(히 9:11). 그러나 이곳은 인간이 추구할 수 있는 높이의 마지막, 즉 한계를 의미한다.

168. 나는 하늘의 나팔 소리가 사람들을 성막(손으로 만들어진 것이 아닌)으로 이끌어 주는 인도자라고 생각된다. 왜냐하면, 성서에서 "하늘이 하나님의 영광을 선포한다"(시 19:1)고 기록한 것처럼, 하늘의 소리는 창조에서 나타난 하나님의 지혜를 선포할 뿐만 아니라, 피조물들을 통해서 나타난 하나님의 영광도 선포하고 있기 때문이다. 즉, 선지자 중의 한 사람이 "하늘로부터 나팔 소리가 들린다"고 고백한 것처럼, 이제 모세에게 그 나팔 소리는 매우 분명하면서도 달콤한 가르침으로 인도하는 소리로 들렸다.

169. 마음을 깨끗하게 해서 신의 소리에 예민해진 사람은 이 소리(여기에서 소리는, 신을 관상함으로써 알게 되는 하나님의 권능을 의미한다)를 들을 수 있다. 그리고 그가 이 소리를 들었을 때, 그는 곧 하나님이 계시는 곳으로 들어갈 수 있었다. 성경에서는 이곳을

암흑이라고 부르고 있는데(출 20:21), 이 표현은 하나님은 비가시적이고 알 수 없는 존재라는 사실을 상징하기 위해서 사용된 것처럼 보인다. 모세가 이곳에 이르렀을 때, 그는 손으로 만들어진 것이 아닌 성막을 볼 수 있었는데, 그는 이 성막을 물질적인 구조로 만들어서 이스라엘 백성들에게 보여 주었다(출 25-27장).

하늘의 성막

170. 하나님은 모세에게 손으로 만들어진 것이 아닌 성막을 보여 주시고, 인간의 손으로 이 성막을 다시 건축하라고 명령하셨다. 즉, 하나님은 "너는 삼가 이 산에서 네게 보인 식양대로 만들찌니라"(출 25:40)라고 말씀하신다. 이 성막에는 금기둥들이 있었는데, 이 금기둥의 밑둥과 윗둥은 은으로 장식되어 있었다; 이 밖에도 밑둥과 윗둥을 황동으로 장식한 은기둥이 있었다. 기둥의 속은 모두 썩지 않은 나무로 되어 있었으나(사 40:20), 그 겉은 이렇게 금과 은 등의 금속들로 칠해졌기 때문에 그 찬란함이 이루 말할 수 없었다.

171. 또한 썩지 않는 나무로 만들어진 궤가 있었는데, 그 궤에는 금테가 둘려져 있었다. 그리고 일곱 갈래로 갈라진 촛대가 있었으며, 이 끝에는 각각 일곱 개의 등불을 달았다. 이 촛대는 나무로 만들어 금을 덧칠한 것이 아니라, 순금으로 만들어진 것이었다. 그리고 제단과 자비의 속죄소가 있었으며, 소위 그룹이라고 하는 것이 있었는데, 이 그룹들의 날개가 궤를 덮고 있었다(히 9:5). 이것들은 모두

금으로 만들었는데, 그 외양 뿐만 아니라, 속까지도 순전한 금으로 만들었다.

172. 게다가 여러 가지 색깔로 아름답게 만들어진 휘장이 있었는데 다양한 색깔들이 서로 잘 어울려 아름다운 짜임새를 자랑하고 있었다. 이 휘장이 성막을 두 부분으로 나누고 있었다: 한 부분은 몇몇 제사장들이 들어갈 수 있는 곳으로서, 성소라고 명명되었다. 그리고 다른 한부분은 아무도 접근할 수 없는 은밀한 곳으로서 지성소라고 불려졌다. 그리고 바깥 뜰 주위에 놋대야와 화로, 그리고 거는 물건들이 있었으며, 붉은 색의 가죽과 모피로 만들어진 휘장이 있었다. 성경을 보면, 이외에도 많은 것들이 있긴 하지만, 어떻게 이 모든 것들을 일일이 묘사할 수 있겠는가?

173. 손으로 만들어진 것이 아닌 성막을 이렇게 모방해 보았지만, 그렇다면, 이 물질적인 구조가 보는 사람들에게 어떤 유익을 줄 수 있겠는가? 나는 이것이 성령으로 말미암아 "하나님의 깊은 것"(고전 2:10)을 찾을 수 있는 능력을 소유한 사람들에게, 다시 말해서 "그 영으로 비밀을 말할"(고전 14:2) 수 있는 사람들에게 중요한 의미를 줄 수 있다고 생각한다. 그러나 이 논리는 우리의 추측으로 판단한 것이므로, 이것을 받아들일지 거부할지는 독자들이 비판적인 이성으로 결정해야 할 문제이다.

174. 우리는 바울을 통해서 부분적으로나마 이 문제를 해결할 수 있다. 즉, 모세가 성막을 통해서 그리스도의 전형을 깨달았다고 말할 수 있다. 다시 말해서, 이 성막은 "하나님의 능력이요 하나님의

지혜"(고전 1:24)이신 그리스도를 상징하고 있다는 사실이다. 왜냐하면, 그리스도는 그 본성에 있어서는 손으로 만들어진 존재가 아니었지만, 하늘의 성막처럼 사람들 사이에 세워져야 할 필요성이 있을 때에 손으로 만들어졌기 때문이다. 그리하여 같은 성막이라고 하더라도 손으로 만들어진 것과 손으로 만들어지지 않은 것, 이미 선재했기 때문에 창조되지 않은 것과 물질적인 세상에 세워지기 위해서 창조된 것, 이 두 가지 본성을 모두 갖게 된 것이다.

175. 신앙의 신비를 받아들인 사람이라면, 지금까지의 설명을 이해하는 것이 그리 어려운 일도 아니다. 즉, 만물이 있기 전에 존재했으며, 세상의 끝날에 다시 나타날 분이 한 분 계시다(골 1:17). 이 분은 세상에서 다시 태어날 필요가 없는 분이었지만(만물 이전에 선재하셨던 분이 어떻게 세상에 다시 태어날 수 있겠는가?), 자신의 참 존재성을 잃어버린 인간들을 위해서 우리와 똑같은 방식으로 태어나기를 원하셨던 것이다. 그리하여, 우리들에게 인간의 실체를 회복시켜 주셨다. 이 분이 곧 잉태된 하나님이며, 그 안에 만물을 갖고 계시면서도 우리 가운데 자신의 성막을 세워 주신 분이시다(요 1:14).

176. 우리가 그리스도를 "성막"으로 비유한 것에 대해서 다음과 같은 이유로 이의를 제기해서는 안 된다. 즉, 이런 비유는 하나님의 웅대한 본성을 손상시킨다는 것이다. 그러나 하나님의 본성을 나타낼 수 있을 정도로 가치있는 이름이 이 세상에는 없기 때문에, 하나님을 정확하게 묘사하는 데 있어서는 어떤 이름도 부당할 수밖에 없다. 그리고 위대한 통찰력을 가지고 하나님의 본성에 적합한 이름을 찾아냈다고 하더라도, 이것도 궁극적으로는 부당한 비유일 수밖

에 없다.

177. 하나님의 권능을 표현하기 위해서 사용되고 있는 다른 이름들—예를 들면, 의원, 목자, 보호자, 떡, 포도주, 길, 문, 집, 물, 반석, 샘물 등—처럼, 그리스도를 "성막"이라고 칭했던 것이다. 그분은 우주를 포함할 수 있는 능력, "그 안에는 신성의 모든 충만이 거하시는"(골 2:9) 권능, 그리고 모든 이들의 보호자로서 만물을 그 품에 안을 수 있는 분이시기 때문에 당연히 "성막"이라고 부를 수 있는 것이다.

178. 모세가 본 환상은 "성막"이라고 칭할 만한 가치를 지니고 있었다. 왜냐하면, 이 모든 것들이 하나님과 관련된 개념들을 나타내고 있기 때문이다. 사도 바울은 성막의 휘장이 곧 그리스도의 육체라고 말하였는데(히 10:20), 이 휘장이 여러 가지 색깔로 만들어졌다고 기록된 것을 볼 때, 내 생각에는 네 가지 재료로 짜여진 것이라고 추측된다. 모세는 즉 천상의 성소에 들어갔을 때 이 성막의 환상을 보았으며 그곳에서 성령으로 말미암아 그에게 낙원의 비밀이 계시되었다(고후 12:4). 이제 성막의 구조가 각각 무엇을 상징하는지 살펴보면서, 성막 전체에 대한 해석을 시도해 보는 것이 좋겠다.

179. 우리는 사도의 증거를 통해서 성막에 관한 상징들을 확실하게 해석할 수 있다. 즉, 우리가 성막으로 비유하고 있는 그리스도에 관해서 그는 이렇게 말하고 있다. "만물이 그에게 창조되었으되 하늘과 땅에서 보이는 것들과 보이지 않는 것들과 혹은 보좌들이나 주관들이나 정사들이나 권세들이나 권능이 다 그 안에서 창

조되었다"(골 1:16). 이렇게 볼 때, 은과 금으로 테를 두른 기둥들, 지주(支柱)와 고리들, 날개로 궤를 가리고 있는 그룹들, 그리고 성막에 포함된 다른 모든 것들이 곧 하늘의 권능을 나타낸다고 할 수 있다. 즉, 이 권능은 하나님의 뜻에 따라 우주를 다스리고 있는 권능을 의미하며, 또한 성막을 통해서 관찰할 수 있는 것들이다.

180. 또한 이 권능은 "구원 얻을 후사들을 돕기 위해서"(히 1:14) 하나님께서 보내신 것이라고 할 수 있다. 즉, 이 권능이 구원받은 자들의 영혼에 들어와서, 밑바닥에 있는 모든 것들을 덕의 최고봉에까지 끌어올려 주는 것이다. 그리고 그룹들이 그 날개로 궤의 신비로움을 덮었다는 부분을 통해서, 우리는 성막에 대한 정확한 해석을 내릴 수 있다. 여기에서 우리는 성막이 곧 하나님의 권능을 나타내고 있다는 것을 배울 수 있다. 이사야와 에스겔도 이 권능에 대해서 증거하고 있다(사 6:2; 겔 5:4; 10:1f.).

181. 언약궤가 그룹의 날개로 가려져 있다는 사실을 이상하게 보아서는 안 된다. 이사야도 날개에 대해 상징적으로 말하는 곳에서 똑같은 말을 하고 있다. 다만 언약궤라는 말 대신에 얼굴이라는 말이 쓰이고 있을 뿐이다. 즉, 언약궤가 그룹들의 날개로 가려졌다고 말하고 있는 데 반해서, 이사야는 얼굴(Face)이 날개에 가려 있다고 기록하고 있다. 이것이 똑같은 물건을 두 가지 의미로 이해한 것이라고 추측할 수는 있지만, 이 비밀을 해석하는 것이 불가능하다는 사실을 인정해야만 할 것 같다. 그리고 일곱 가지를 가진 촛대가 있어서 그 끝에 달린 일곱 개의 등불이 주위의 어둠을 몰아냈다고 하는 사실에서 우리는 다음과 같은 결론을 내릴 수 있다. 즉, 이 불빛들이 바로 성

령의 빛을 의미한다는 것, 그리고 성막 안에서 빛을 발하는 존재가 다름 아닌 성령이라는 사실이다. 이것은 이사야가 성령의 빛을 일곱 가지로 분류한 것과 같은 의미이다(계 4:5; 슥 4:2).

182. 속죄소에 대해서는 더 이상 설명할 필요가 없다고 생각한다. 사도 바울이 이 의미에 대해서 분명하게 언급하고 있기 때문이다; "이 예수를 하나님이…화목 제물로 세우셨으니"(롬 3:25). 그리고 제물을 바치는 제단과 향을 피우는 제단은 모두 하나님에 대한 찬양을 의미하고 있으며, 이 찬양은 성막 안에서 영원히 있어야 할 것이었다. 즉, "하늘에 있는 자들과 땅에 있는 자들과 땅 아래 있는 자들"(빌 2:10)까지 모두 만물의 창조를 찬양하는 것이다. 또한 이 찬양은 하나님을 기쁘시게 하는 제사로서, 사도가 말한 것처럼, "찬미의 제사"(히 13:15)라고 할 수 있으며, 하나님을 향한 기도의 향기를 의미하는 것이기도 하다.

183. 붉은 물들인 가죽과 모피(출 25:4, 5)에 대한 해석도 우리가 지금까지 한 해석의 결과와 같다. 즉, 모세는 이것들을 통해서 구원자의 수난을 볼 수 있었다. 왜냐하면, 붉은색은 피를 가리키며, 짐승의 털은 죽음을 상징하기 때문이다. 털은 육신에 붙어 있어도 감각을 느끼지 못하기 때문에, 죽음을 상징한다.

땅의 성막

184. 모세가 하늘의 성막을 보았을 때, 그는 이 상징들을 통해서 하늘에 있는 존재들에 대해서 알 수 있었다. 땅에 세워진 성막을 본 사람은(바울은 여러 곳에서 교회를 곧 그리스도라고 부르고 있다: 고전 12:12; 엡 1:23), "사도들, 선생들, 그리고 선지자들"이 하나님의 신비를 가르치는 종을 언급하는 것으로 여길 것이다. 성경에서는 이들을 교회의 기둥이라고 부르고 있다(고전 12:28; 갈 2:9). 베드로와 요한과 야고보를 교회의 기둥으로 칭한 반면에, 세례 요한은 "비취는 등불"(요 5:35)로 부르고 있다. 그러나 자신의 사역에 의해 교회를 지탱하며 빛이 되는 사람들은 모두 "기둥"이나 "등불"이라 불릴 수 있다. 주님께서도 사도들에게 "너희는 세상의 빛이라"(마 5:14)고 말씀하셨다. 사도 바울은 사람들에게 "견고하며 흔들리지 말라"(고전 15:58)고 경고함으로써, 다른 이들도 기둥이 되어야 함을 강조했다. 또한 바울은 디모데를 "진리의 터와 기둥"(딤전 3:15), 즉 특별한 기둥이라고 부른다.

185. 이 성막에서 찬양의 제사와 기도의 향기는 아침과 저녁으로 계속해서 드려진다. 다윗도 "나의 기도가 주의 앞에 분향함과 같이 되며, 나의 손드는 것이 저녁 제사같이 되게 하소서"라고 간구한다(시 141:2). 그리고 우리는 놋대야를 보면서, 신비로운 물을 가지고 사람들의 죄를 씻어주는 자를 상기하게 된다. 이렇게 볼 때, 요한과 베드로도 하나의 놋대야라고 할 수 있다. 즉, 세례 요한은 요단강에서 사람들에게 회개의 세례를 베풀었으며(막 1:4, 5), 베드로는 한번에 삼천 명이나 되는 사람들에게 세례를 베풀었던 것이다(행 2:41). 또한 간다게의 내시에게 세례를 주었던 빌립도 놋대야라고

할 수 있다(행 8:27). 결국, 신앙인들에게 있어서 이렇게 값없는 은 혜를 베푸는 사람들은 모두 놋대야와 같은 자들이라고 할 수 있다.

186. 성막의 앞뜰은 신자들의 조화와 사랑, 그리고 평화로 이해될 수 있다. "네 경내를 평안하게 하신다"(시 147:14)라는 다윗의 말을 볼 때, 그도 우리와 같은 해석을 하고 있음을 알 수 있다.

187. 붉은 물을 들인 가죽과 짐승의 털로 만들어진 휘장은 성소를 장식하기 위한 것이었지만, 이것들도 각각의 영적 의미를 갖고 있었다. 즉, 붉은색 가죽은 육체의 고통을 의미하며, 짐승의 털은 수덕적인 삶의 방식을 나타낸다. 이것들은 교회라는 땅의 성막을 아름답게 만드는 것들이다. 가죽이 본래 생명력을 가지고 있는 것은 아니지만, 붉은색으로 물을 들였기 때문에 밝은 붉은색을 띠고 있었다. 이것은 다음과 같은 진리를 가르쳐 준다: 만약 우리가 죽은 가죽처럼 죄에 대해서 먼저 죽지 않는다면, 성령을 통한 하나님의 은총이 우리들을 붉게 물들일 수 없다는 것이다. 그러나 이와 달리 성경은 붉은색으로 물들인 것을 순전한 겸손함으로 해석하고 있는데, 이것은 독자들 자신이 결정할 문제이다. 짐승의 털로 만들어진 휘장은 거칠고 딱딱한 촉감을 지니고 있는데, 이것은 자기통제와 육체적 욕망의 제어의 어려움을 상징한다. 이런 삶의 대표적 예가 바로 순결 생활(life of virginity)이라고 할 수 있으며, 이런 삶을 사는 사람들에게 있어서 동정(童貞)이란 곧 주님께 복종하기 위해서 자기 몸을 치는 것과 같다(고전 9:27).

188. 지성소라고 불리는 곳은 사람들이 접근할 수 없는 장소

였는데, 이것도 하나의 영적 의미를 내포하고 있다. 즉, 참된 실재는 거룩한 분이시기 때문에 사람들이 이해할 수도 없고 접근할 수도 없다. 그리고 지성소는 성막 안에서도 비밀스럽고 말로 형용할 수 없는 장소에 위치해 있었는데, 이것은 인간의 지성을 초월해 있는 분을 이해하려고 부질없이 노력하지 말라는 것을 의미한다; 즉, 모든 이들에게 보이지는 않지만, 비밀스럽고 형용할 수 없는 장소에 그것이 존재한다는 사실을 믿는 것으로 만족해야 한다.

제사장의 의복

189. 모세는 성막의 환상을 통해서 하나님의 가르침을 받고, 또한 그 가르침을 통해서 더욱 더 정화되고 고양되었다. 그리고 나서 그는 또 다른 환상으로 인도되었다. 즉, 제사장의 의복에 대해서 가르침을 받기 시작했던 것이다. 제사장의 의복에는 겉옷과 에봇, 그리고 정결한 보석을 달아 여러 가지 빛을 발하고 있는 흉패가 있었으며, 그 외에도 머리에 쓰는 관과 그 관위에 붙이는 금속 잎사귀, 허리띠, 석류 모양의 고리와 방울이 있었다. 그리고 이 모든 것들 위에 이성(우림)과 교리(둠밈)가 붙여졌으며(레 8:8), 또한 옷의 앞여밈을 위해서 족장들의 이름이 새겨진 견대가 있었다.

190. 우리는 의복에 대한 명칭을 통해서, 당시의 사람들이 일상 생활에서 무엇을 생각하고 살았는지 정확하게 알 수 있다. 그러나 어떤 종류의 옷이 제사장의 의복처럼 이성이나 교리, 그리고 진리라

는 이름으로 불릴 수 있겠는가? 아마도 이런 이름으로 불릴 수 있는 옷은 물질적 의복이 아니라 영혼의 의복임에 틀림없다.

191. 제사장의 겉옷은 청색으로 물들였다. 이전의 몇몇 사람들은 이 청색이 공중을 상징한다고 설명했지만, 나는 청색이 정말 공중의 색깔과 일치하는 색인지 아닌지에 대해서는 정확하게 단언할 수 없다. 그럼에도 불구하고, 이런 해석이 덕을 관상하는데 많은 도움을 준다는 사실은 인정해야 할 것 같다. 즉, 하나님 앞에 제사장이 될 사람은 죽음에 의해서가 아니라 "산 제사"와 "영적 예배"를 드림으로써 자기 몸을 거룩한 제물로 바쳐야 할 사람들이다(롬 12:1). 그들은 자신의 영혼에 세속적인 무거운 옷을 입혀서는 안 되며, 오히려 삶에서 일어나는 욕구들을 거미줄처럼 가늘게 만들면서, 자신의 삶을 순수하게 지켜 나가야 한다. 이 육체적인 본성들을 이렇게 가늘게 만들어갈 때, 공기처럼 가볍게 되어 위로 오를 수 있다. 그래서, 우리가 최후의 나팔 소리를 들었을 때, 즉 우리들을 부르시는 하나님의 목소리를 들었을 때, 우리 몸이 가볍다는 것을 깨닫게 될 것이다. 그때 우리는 주님과 함께 하기 위해서 공중에 올라가는데(살전 4:17) 우리가 가진 무거움 때문에 땅으로 떨어지는 일은 없을 것이다. 시편 기자의 충고처럼 "그 영혼을 좀 먹는"(시 39:11) 사람은 머리부터 발끝까지 내려오는 얇고 가벼운 겉옷을 입어야만 한다. 머리부터 발끝까지 내려와야 한다는 것은, 덕의 삶을 중간에서 멈추어서는 안 된다는 것을 의미한다.

192. 석류 모양의 금방울은 선행을 의미한다. 이것은 하나님을 향한 믿음과 양심적인 생활로 이루어져 있다. 이 믿음과 양심을

통해서 고결한 삶을 이룰 수 있다. 바울이 디모데에게 "믿음과 선한 양심"(딤전 1:19)을 가지라고 충고한 것은, 바울이 그의 옷에 석류 모양의 방울을 달아준 것으로 비유할 수 있다. 결국, 우리의 믿음은 순결하고 큰 소리로 거룩한 삼위일체 하나님을 전파하며, 우리의 삶은 석류 열매가 가진 특성을 본받는 삶이 되어야만 한다.

193. 석류 열매의 껍질은 두껍고 신맛을 가지고 있기 때문에 먹을 수도 없지만, 그 속에는 씨앗이 가지런히 늘어서 있어 보기에도 좋을 뿐만 아니라 그 맛도 매우 달다. 이와 같이 철학적인 삶도 겉으로 보기에는 엄격하고 지루한 것 같지만, 그 삶이 무르익었을 때는 선한 희망의 열매들로 가득 차게 된다. 즉, 하늘의 정원사가 적당한 때에 석류나무 열매를 맺게 함으로써 그 숨겨졌던 달콤함이 드러나기 시작하면, 이 열매에 참여했던 사람들은 모두 이 단맛을 맛볼 수 있게 되는 것이다. 사도 바울도 이렇게 권면하고 있다: "무릇 징계가 당시에는 즐거워 보이지 않고 슬퍼 보이나 후에 그로 말미암아 연단한 자에게는 의의 평강한 열매를 맺느리라"(히 12:11). 이것이 바로 내적 성숙의 달콤함이며 기쁨이다.

194. 성서는 제사장의 반포 속옷에 술을 달라고 명령하고 있다(출 28:39). 이 술은 속옷을 장식하기 위해서 늘어 뜨린 것이다. 그러나 장식이 옷에 첨가되어야 한다는 사실에서 우리는 다음과 같은 진리를 깨닫게 된다. 즉, 우리는 하나님께서 이미 우리에게 요구하신 덕만 행할 것이 아니라, 우리들 스스로 특별한 다른 덕도 발견해 내야 한다는 사실이다. 이것은 바울의 경우를 보면 확실해진다. 즉, 그는 하나님의 계명에 아름다운 술장식을 달았던 사람이었다. 율법이

"성전의 일을 하는 이들은 성전에서 나는 것을 먹으며 복음 전하는 자들은 복음으로 말미암아 살아야 한다"(고전 9:13, 14)고 말했던 반면에, 바울은 더 나아가서 복음은 "값없이" 전해져야 하며, "주리고 목마르고 헐벗은"(고전 4:11) 자들에게 선포되어야 한다는 설명을 덧붙였던 것이다. 이것이야말로 하나님의 계명을 아름답게 치장하는 술이라고 할 수 있는 것이다.

195. 긴 속옷 위에는 두 조각의 천을 걸쳐 입었다. 하나는 어깨에서 가슴까지 늘어뜨렸고, 다른 하나는 어깨에서 등으로 늘어 뜨렸는데, 양쪽 어깨 위에 고리를 달아 이 두조각의 천을 연결시켰다. 이 고리는 보석으로 만들어졌으며, 여섯명의 족장 이름을 각각의 고리 위에 새겨 넣었다. 또한 이 천은 여러 가지 색깔로 짜여졌는데, 보라색은 자주색과 함께 섞였으며, 주홍색은 하얀 면사와 혼합되었다. 그리고 이 천의 가장 자리는 금실로 수를 놓았다. 결국, 이 천은 다양한 색깔들이 어우러져서 매우 찬란한 아름다움을 나타내고 있었다.

196. 이렇게 볼 때, 우리는 겉옷의 가슴 부분이 특별히 마음(heart)을 상징하고 있으며, 여기에 달린 다양한 장식들은 곧 여러가지의 덕을 의미하고 있다는 것을 배우게 된다. 보라색은 자주색과 혼합되었다고 했는데, 이것은 우리가 순수한 삶을 살면 왕자 같이 당당해질 수 있다는 의미를 갖고 있다. 그리고 주홍색은 하얀 면사와 혼합시켰다고 했는데, 이것은 순수하고 밝은 삶은 곧 붉은색의 겸손한 삶과 같기 때문이었다. 또한 가장 자리를 수놓은 금실은 이런 삶을 사는 사람들이 받게 될 하늘의 보좌를 상징하고 있다. 어깨위의 고리에 새겨진 족장들의 이름은 또한 우리들을 아름답게 하는 존재들이

다. 즉, 족장들이 보여준 선한 모범이 우리들의 삶을 아름답게 만들기 때문이다.

197. 이 아름다운 두 조각의 천 위에 또 하나의 장식이 있었다. 이것은 금으로 만든 작은 방패 모양의 장식이었는데, 양쪽 어깨부터 가슴까지 덮을 수 있게 만들었으며, 사각형으로 된 열두 개의 보석들을 줄지어 달아 놓았다. 열두 개의 보석을 각각 세 개씩 네줄로 달았으며, 열두 개가 모두 다른 종류의 보석들이었기 때문에 저마다 독특한 빛깔의 아름다움을 뿜어내고 있었다.

198. 이제 제사장의 의복에 달았던 장신구들이 무엇을 의미하는지 살펴보자. 양쪽 가슴에 달았던 방패 모양의 장신구는 사탄에 대항하기 위해서 갑옷을 입은 것을 의미하며, 이것은 두 가지 측면을 이야기하고 있다. 즉, 앞에서 말했던 것처럼, 고결한 삶은 두 가지 측면, 즉 신앙과 선한 양심을 통해서 이루어 지기 때문에, 이 두 가지를 우리의 방패로 삼을 때 안전하게 거할 수 있다. 다시 말해서, 우리는 "좌우에 의로운 병기라는 갑옷을 입음으로써"(고후 6:7) 적이 쏘는 화살 앞에서도 무사할 수 있다.

199. 사각형의 장신구는 방패모양의 장신구 위에 달았으며, 각 보석마다 족장들의 이름을 새겨 넣었다. 그리고 이것은 마음을 보호한다는 의미를 갖고 있다. 우리는 이 상징을 통해서, 방패를 가지고 악을 몰아낸 사람들은 자신의 영혼을 족장들이 지녔던 덕으로 장식하는 것과 같다는 사실을 배우게 된다. 그리고 이것이 사각형으로 만들어진 것은 우리가 선 안에서 견고하게 서야 한다는 것을 말해주

고 있다. 즉, 사각형은 각각의 면이 길이가 같기 때문에 쉽게 변하지 않는 모양이라고 할 수 있다.

200. 제사장의 팔을 묶는 가죽끈은 고귀한 삶이 어떻게 완성될 수 있는지 가르쳐 준다. 즉, 실천적인 철학은 관상하는 철학으로 이어져야 한다는 것이다. 결국, 마음은 관상의 삶을 의미하는 반면, 팔은 삶 안에서의 실천과 행동을 의미하고 있는 것이다.

201. 제사장의 머리에 쓴 관은 정결한 삶을 산 사람들이 받게 될 면류관을 의미한다. 그리고 이 관은 고결한 글자를 새겨 넣은 금 잎사귀로 장식되었다. 이런 제사장의 옷을 입은 사람들은 신발을 신지 않았다. 그것은 그의 걸음에 방해가 되지 않게 하기 위해서였으며, 앞에서 우리가 보았듯이, 이 신발은 곧 죽은 가죽의 외피와도 같은 것으로써 하나님의 산에 서기 위해서 벗어버려야 했던 것이기 때문이다. 제사자의 발을 장식한다는 이유만으로, 모세가 하나님을 향해 나아갈 때 방해가 되었던 신발을 하나님의 제사장이 신을 수 있겠는가?

돌판 (The Tables of Stone)

202. 인간이 도달할 수 있는 가장 높은 단계까지 성장한 모세가 이제 그의 손에 돌판을 들고 산을 내려왔다. 이 돌판은 하나님께서 직접 써주신 것으로서, 신의 율법이 새겨져 있었다. 그러나 이 돌판은 사람들의 죄악으로 인해서 산산히 부서지고 말았다. 이스라엘

백성들이 황소모양의 조각상을 만들어 이것을 찬양하는 우상숭배의 죄를 짓고 말았던 것이다. 모세는 이 조각상을 완전히 파괴하였으며, 이것을 물과 섞어서 우상숭배의 죄를 진 사람들이 마시도록 했다. 그래서, 불경한 백성들이 섬겼던 이 우상을 완벽하게 소멸시킬 수 있었다.

203. 성경에 기록된 이 사건은 예언자적인 성격을 지니고 있다. 왜냐하면, 이것은 오늘날까지도 계속해서 반복되는 사건임에 틀림없기 때문이다. 즉, 우상숭배의 죄악은 회개의 선한 고백을 통해서 씻어낼 수 있다. 다시 말해서, 경건해진 입술로 그 우상의 물을 삼켜 버림으로써 그 죄를 완전히 소멸시킬 수 있는 것이다. 여기에서 우상숭배에 한번 젖었던 사람들이 마셨던 물은 매우 신비스러운 물이었을 것으로 생각된다. 그러나 헛된 우상을 쫓다가 지금은 하나님께로 돌아섰다고 하는 사람들 중에서도 진실한 크리스챤이 되지 못한 사람들을 볼 때, 그 당시에도 진실 된 종교로 돌아 오겠다던 사람들이 모두 이 신비한 물을 마시고 우상을 소멸시킨 것은 아니라는 생각을 하게 된다.

204. 모세는 이스라엘 백성과 대항해서 싸우기 위해 레위족속을 무장시켰다. 그리고 장막 이끝에서 저끝까지, 아무말도 없이 모든 사람들에게 칼을 휘두르라고 명령했다. 어떤 조건도 없이, 그들이 만난 자들은 모두 죽여 버렸다 : 여기에서 대적과 친구, 이방인과 동족, 이웃과 외지인, 그 어떤 구별도 있을 수 없었다(모든 사람에게 똑같이 심판이 내려졌다).

205. 이 이야기는 우리에게 다음과 같은 교훈을 주고 있다 : 육체에 거한 사람들이 악을 행하는 것처럼, 장막에 거하고 있는 모든 사람들이 이 악행에 동조했기 때문에, 어떤 예외도 없이 그들 모두가 심판을 받게 되었다. 이것은 악한 행동을 한 사람을 채찍으로 쳐서 징벌하는 것과 같다고 할 수 있다. 즉, 채찍을 맞는 사람은 그가 육체의 어떤 부분을 맞든지 그 고통은 몸 전체로 퍼져 나가는 것이다. 그리고 이러한 현상은 이스라엘 백성들을 처벌한 사건을 통해서도 볼 수 있다 : 즉, 이스라엘 백성들 중 일부분을 채찍질함으로써 이들 전체를 징벌할 수 있었던 것이다.

206. 그래서 만약 여러 사람들이 똑같은 죄악을 짓고 있다고 하더라도, 하나님의 진노는 이들 모두에게 내려지는 것이 아니라, 소수의 몇명에게만 내려지는 것을 볼 수 있다. 그리고 이것은 오직 한 사람만이 인류에 대한 사랑을 통해서, 그 모든 징벌을 감당해 낼 수 있다는 사실을 말해 준다. 모든 사람들에게 징벌을 내리는 것이 아니라, 그들 중 몇 사람에게 징벌을 내림으로써, 그들 모두를 악에서 돌아서게 할 수 있다.

207. 이런 이해는 문자적인 해석이라고 할 수 있으며, 여기에서 더 나아가 영적인 해석을 한다면 이보다 더 큰 교훈을 얻을 수 있을 것이다. 모세는 모든 사람들에게 이렇게 선포했었다 : "누구든지 여호와의 편에 있는 자는 내게로 나아오라"(출 32:26). 이것은 곧 율법이 선포하는 내용과 같다 : "만약 누구든지 하나님의 친구가 되기를 원한다면, 나의 친구 곧 율법의 친구가 되어야 한다"(왜냐하면, 율법의 편에 선 사람들은 곧 하나님의 편에 선 사람들이기 때문이

다). 그리고 모세는 이 선포를 듣고 모여든 자들에게 칼을 주어 악한 형제나 친구, 그리고 이웃들을 죽이라고 명령했다.

208. 이런 모세의 명령을 숙고해 볼 때, 우리는 하나님과 율법을 바라보는 사람들은 자신의 악한 습관들을 모두 죽이고 순수해져야 한다는 사실을 배우게 된다. 즉, 성경을 통해서 볼 때, 형제나 친구, 이웃이라고 불리는 사람들이 모두 좋은 사람들만은 아니라는 사실을 알 수 있는 것이다. 그리고 똑같은 사람이라고 하더라도 형제였던 사람이 나중에 이방인이 될 수도 있고, 친구이면서도 대적이 될 수 있다. 결국, 어떤 때는 우리가 그들로 인해 죽을 수도 있고, 또 다른 때는 그들로 인해 우리가 살 수도 있는 것이다.

209. 우리는 아론의 모습을 통해서 이 해석을 더 확실히 이해할 수 있다. 즉, 그가 처음 모세를 만났을 때, 우리는 그를 애굽인과 투쟁하기 위해서 하나님께서 보내신 조력자, 즉 천사로서 인식했었다. 그리고 천사들이 인간보다 먼저 창조된 것이 분명하기 때문에, 아론을 형으로 묘사한 것도 매우 타당하다고 생각했었다. 그리고 그의 지성적인 덕을 볼 때에도 그는 분명히 인간들을 돕는 형이라고 할 수 있었다.

210. 그러나 이미 성경에서 형제도 나쁜 형제와 선한 형제, 두 가지 의미가 있다고 증거했음에도 불구하고, 다시 말해서 같은 말도 항상 똑같은 의미를 지니고 있는 것이 아니라, 반대되는 의미를 나타낼 수도 있다는 사실을 잘 알고 있었음에도 불구하고, 아론의 경우는 도저히 납득할 수 없을 정도로 놀라운 일이다.(즉, 아론은 이스라엘

백성들이 우상숭배의 죄를 짓도록 내버려 두면서, 그들에게 종노릇 하였다. 이런 아론을 어떻게 좋은 의미로 받아들일 수 있겠는가?) 즉, 처음에 그는 애굽의 폭군을 죽이는 사람으로서 우리의 형이었던 반면에, 지금은 이스라엘 백성들에게 우상을 만들어 준 사람이 되고 말았다. 결국, 같은 이름이라고 하더라도 상반되는 두 가지 의미를 나타내고 있는 것이다.

211. 모세는 이런 형제에 대항해서 칼을 들었다. 즉, 그가 다른 사람에게 명령한 것을 자신이 직접 행함으로써 분명한 모범을 보여 주려고 한 것이다. 그리고 어떤 사람이 악한 형을 죽인다는 것은 곧 죄를 소멸시킨다는 것을 의미한다. 즉, 자신을 유혹하는 대적을 소멸시킨 것은 곧 죄의 삶을 죽인 것과 같은 것이다.

212. 여기에서 우리가 좀 더 세부적인 이야기에 주의를 기울인다면, 이 가르침을 더 확실히 이해할 수 있을 것이다. 아론은 이스라엘 백성들에게 우상을 만들기 위해서 그들의 귀고리를 바치라고 명령했다. 이 사실은 우리들에게 무엇을 말하고 있는가? 모세가 이스라엘 백성들에게 귀에 달라고 명령했던 귀거리는 곧 율법을 의미한다. 그러나 악한 형은 이 귀고리를 떼어서 우상을 만드는데 바치라고 명령했던 것이다.

213. 악이 처음 우리안에 들어올 때(창 3:1ff.), 그는 우리에게 귀에 단 귀고리를 없애라고 얘기한다. 즉, 하나님의 율법을 거스르도록 충동하는 것이다. 뱀은 인간에게 친구처럼 다가와서, 만약 그들이 하나님의 율법을 거스리고 그들의 귀에서 귀고리를 없앤다면, 매우

큰 유익이 있을 것이라고 속삭였던 것이다. 어쨌든, 그렇게 악한 형제와 친구, 그리고 이웃들을 죽인 사람들은 모세를 통해서 율법이 그들에게 하는 말을 들을 수 있었다. : "각 사람이 그 아들과 형제를 침으로 오늘날 여호와께 헌신하게 되었느니라. 그가 오늘날 너희에게 복을 내리시리라"(출 32:29).

214. 이제 죄악에 자신을 내던진 사람들로부터 우리의 주의를 되돌릴 시간이 왔다. 우리는 지금까지 하나님의 율법이 돌판에 어떻게 기록되었는지, 그리고 왜 돌판이 땅에 떨어져 깨어져야 했는지 알 수 있었다. 이제 그 돌판이 어떻게 다시 복원되었는지 살펴보자. 다시 복원된 돌판은 그 내용은 같다고 할찌라도 처음 돌판과 전적으로 같을 수는 없었다. 첫돌판과 달리 두 번째 돌판은 모세가 땅에서 직접 구해야 했지만, 그 판에 율법을 새기는 일만은 하나님의 능력을 통해서 이루어졌다. 이렇게 해서 모세는 돌판에 새겨진 율법을 백성들에게 전달할 수 있었다. 그리고 하나님께서 돌판에 율법을 다시 써 주셨다는 사실로 볼 때, 하나님의 은총도 회복되었다는 것을 알 수 있다.

215. 우리가 이 사실을 숙고해 볼 때, 인간을 향한 하나님의 의도를 깨달을 수도 있다. 즉, 바울이 돌판을 "마음"(고후 3:3)이라고 불렀을때, 그것이 맞는 말이라고 한다면(그러나 "성령을 통해 하나님의 깊이까지 도달한"(고전 2:10) 사람은 확실한 진리만을 말한다), 다시 말해서 돌판이 곧 인간의 마음이라고 한다면, 이 사실로부터 우리는 타락 이전의 인간은 손상되지 않았으며, 불멸한 존재였다는 것을 깨닫게 된다. 이것은 곧 인간이 하나님의 손에 의해서 만들

어졌으며, 하나님께서 우리들 안에 율법을 새겨 주셨다는 것을 의미한다. 그리고 이 율법은 악에서 돌아서서 하나님을 영화롭게 하는 삶을 살라고 주신 것이다.

216. 그러나 우리의 귀에 죄악의 음성이 들렸을 때―창세기에서는 이 소리를 "뱀의 목소리"(창 3;4)로 묘사하고 있지만, 돌판과 관련된 성경 본문에서는 "취하여 노래하는 소리"(출 32;18f.)로 묘사하고 있다―그 돌판은 땅에 떨어져 깨져버리고 말았다. 그러나 모세가 돌판을 다시 만들었듯이, 그리스도도 이 세상에서 인간 본성이라는 돌판을 스스로 만들어 입으셨던 것이다. 그러나 이것은 인간육체를 통해 이루어진 것이 아니라, 하나님의 손가락으로 새겨진 것이었다. 즉, "동정녀에게 성령이 임하시고, 지극히 높으신 자의 능력이 그녀를 덮었다"(눅 1:35)고 성경에서 증거하고 있는 것이다. 이리하여 우리는 손상되지 않은 본성을 되찾을 수 있게 되었으며, 하나님의 손가락으로 쓴 율법을 통해서 불멸의 축복도 얻을 수 있게 되었다. 그리고 여러 곳에서 성경은 성령을 하나님의 "손가락"으로 부르고 있다(눅 11:20; 마 12:28).

217. 모세는 하찮은 인간의 눈으로는 쳐다볼 수 없을 정도로 영광스러운 모습으로 변모하였다(출 34:29). 신앙의 신비를 알고 있는 사람은 이 사건에서 말하는 영적인 의미가 무엇인지 확실히 깨달았을 것이다. 즉, 우리들을 회복시켜 주시기 위해서, 그리스도께서 인간이 부서진 돌판을 입고 나타나셨을 때도―앞에서도 말했듯이, 이것은 하나님의 손가락, 즉 성령을 통해서 이루어졌다―하찮은 인간의 눈으로는 그를 알아볼 수가 없었던 것이다. 그가 가진 영광이

너무나도 눈부셨기 때문에, 그에게 감히 접근할 수도 없었다.

218. "인자가 자기 영광으로 모든 천사와 함께 올 때"(마 25:31), 의로운 사람들만이 인자를 볼 수 있을 것이다. 불경건하며 유대교의 이단을 따르는 사람들은 이 광경을 쳐다볼 수조차 없다. 왜냐하면, 이사야가 "그들은 주의 영광을 보지 못할 것"(사 26:10)이라고 말한 것처럼, 불경건한 자들은 이 영광에서 제외된 자들이기 때문이다.

영원한 성장 (Eternal Progress)

219. 지금까지 우리의 연구를 진행시켜 오면서 많은 것을 깨달았지만, 우리는 다음 사건을 통해서 좀 더 깊은 영적 의미를 깨닫게 될 것이다. 이제, 이 사건에 관심을 기울여 보자. 성경에서 증거하는 것처럼, 모세는 신의 현시를 통해서—"사람이 그 친구와 이야기함 같이 여호와께서는 모세와 대면하여 말씀하시며"(출 3:11)—하나님을 확실하게 본 사람이었다. 그러나 마치 항상 보고 있으면서도 아직도 보지 못했다고 말하는 것처럼, 그리고 여호와께서 모세와 대면하여 말씀하셨다는 성경의 증거가 사실이 아닌 것처럼, 모세는 하나님 보기를 갈구하였다.

220. 그러나 하나님은 그에게 더 큰 은총을 주시기로 작정하시고 이 청원자의 간구를 들어 주겠다고 말씀하셨다. 그러나 모세는 다시 실망할 수밖에 없었다. 하나님께서는 인간의 신분으로는 그가

바라는 것을 성취할 수 없다고 분명히 말씀하셨던 것이다. 하나님은 모세에게 "보라 내 곁에 한 곳이 있으니, 그 곳에는 구멍이 있는 바위가 있다"(출 33:21-23)고 말씀하신 뒤, 그 바위의 구멍 안으로 들어가라고 명령하셨다. 그리고 나서 하나님은 그 바위의 구멍을 손으로 막고 지나가신 뒤 모세를 부르셨다. 모세가 하나님의 부르심을 듣고 밖으로 나왔을 때, 그는 자신을 부르신 하나님의 등을 볼 수 있었다. 이렇게 해서, 모세는 자신이 원하던 것을 보았다고 생각했다. 그리고 자신의 간구를 들어주겠다고 하신 하나님의 약속도 거짓이 아니었음을 알게 되었다.

221. 만약 이 사건을 문자적으로만 해석한다면, 사람들이 이해하기가 어려울 뿐만 아니라, 하나님에 대해서도 잘못된 개념을 갖게 될 것이다. 즉, 앞과 뒤라는 말은 어떤 모양을 가지고 있으며, 누구나 볼 수 있는 것들에만 해당되는 말이기 때문이다. 그리고 모양을 가지고 있다는 말은 항상 육체의 한계를 가지고 있다는 말과 같다. 그래서, 어떤 모양을 통해서 하나님을 인식하는 사람들은 하나님의 본질에 대해서 바로 깨닫지 못한 사람들이라고 할 수 있다. 사실 모든 육체는 합성물(composite)이라고 할 수 있는데, 이때 합성물의 의미는 여러가지 다른 요소들이 결합해서 만들어 졌다는 뜻이다. 또한, 합성물이란 항상 분해될 수 있는 가능성을 가지고 있는 존재이다. 그리고 합성물은 결코 부패하지 않는다고 말할 수도 없다. 왜냐하면, 합성물이 분해되는 것이 곧 그 합성물의 부패를 의미하기 때문이다.

222. 그러므로 만약 누군가가 하나님의 등을 문자 그대로 받

아 들인다면, 그는 틀림없이 잘못된 결론에 빠지고 말 것이다. 왜냐하면, 앞과 뒤란 말은 어떤 모양에 해당되는 말이며, 모양이란 곧 육체에 해당되는 말이기 때문이다. 모든 합성물은 분해될 가능성을 가지고 있으며, 육체도 합성물들 중의 하나에 불과하다. 그러므로, 육체도 그 본성상 분해될 수밖에 없으며, 분해된 육체는 부패할 수밖에 없다. 결국, 이 구절을 문자적으로 해석한 사람들은 하나님이 부패될 수도 있다는 결론을 내려야만 한다. 그러나 하나님은 비물질적인 (incorporeal) 존재이기 때문에 결코 부패하지 않는다.

223. 그렇다면, 이 본문을 해석하는데 있어서 문자적인 해석 외에 어떤 이해 방법이 적당할 것인가? 그리고 만약 우리가 이 구절에 알맞는 해석방법을 찾게 된다면, 이와 똑같은 방법을 사용해서 전체를 이해할 수도 있을 것이다. 즉, 우리가 어떤 한 부분을 통해서 진리를 깨달았다면, 그 진리는 전체에도 적용된다는 것을 인정해야만 한다. 왜냐하면, 모든 전체는 각 부분들이 모여서 이루어진 것이기 때문이다. 그러므로, 하나님을 만난 장소와 그곳에 있는 바위, 그리고 그 반석에 난 구멍, 모세가 그 구멍 안으로 들어간 것, 하나님께서 손으로 그 구멍을 막은 것, 그리고 하나님께서 지나가신 것과 모세를 부르신 것, 이후에 하나님의 등을 본 것—이 모든 것들을 영적인 의미로 이해하는 것이 더 타당할 것이다.

224. 그렇다면, 이 사건이 말하고 있는 진리는 무엇인가? 인간의 육체는 원죄의 결과로 받은 것이기 때문에, 타락하려는 경향이 저지되지 않는 이상은 어떤 도움 없이도 계속해서 타락하게 된다. 그러나 인간의 영혼은 이와 반대되는 방향으로 움직인다. 즉, 영혼은

제2권 모세의 생애에 관한 명상 153

일단 세속적인 것들과의 연결이 끊어지고 나면, 빛이 되어서 위로 향한 운동을 계속해서 하게 되는 것이다.

225. 그리고 이 상승운동이 방해 받지만 않는다면, 인간의 영혼은 항상 더 높은 곳에 오르고자 하며(왜냐하면, 선한 본성을 가진 것은 항상 사람들을 매료시키기 때문이다), 또 오를 수 있다—그리고 사도가 말했듯이, 이 영혼의 상승운동은 "앞에 있는 것을 잡으려고"(빌 3:13)하는 욕구, 즉, 하늘의 것을 잡으려고 하는 욕구를 통해서 계속되는 것이다.

226. 그리고 이 영혼은 어떤 것을 성취했다고 해서 그 상승운동을 포기하지는 않는다. 오히려 상승의 욕구가 그 성취를 통해서 더욱 새로워지기 때문에, 그 영혼은 어떤 중단도 없이 계속해서 상승운동을 하게 된다. 덕을 향한 움직임도 노력을 통해서 성장하게 된다 : 그리고 이런 종류의 움직임은 노력을 통해서 그 힘을 상실해 가는 것이 아니라, 오히려 증가 된다.

227. 비록 그 누구보다도 높은 단계에 올라갔다고 하더라도, 모세가 그 상승운동을 결코 멈추지 않고, 이 과정에서 어떤 한계점도 설정하지 않은 것은 바로 이런 이유에서였다. 일단 하나님이 세우신 (야곱이 말한 것처럼, 창 28:12) 사닥다리에 발을 들여 놓은 이상, 그는 계속해서 한발 한발 올라갔으며, 결코 멈추지 않았다. 왜냐하면, 그는 항상 그가 성취한 것보다 더 높은 곳을 발견했기 때문이었다.

228. 그는 애굽 여왕의 양자가 되기를 거절했으며, 히브리 동

족을 위해서 애굽인과 싸웠다. 그는 자신을 방해할 사람이 아무도 없는 곳, 즉 광야에서 살기를 원했으며, 온순한 동물을 기르는 목자가 되었다. 그리고 그는 밝게 빛나는 빛을 보았다. 그는 신발을 벗었기 때문에 어떤 거리낌도 없이 그 빛에 다가갈 수 있었다. 그리고 그의 동족을 자유로운 삶으로 이끌어 냈으며, 그들을 뒤따라온 적들이 물에 빠져 죽는 것도 보았다.

229. 그는 구름 아래에 장막을 쳤다. 그리고 바위에서 나오는 물로 갈증을 해소했으며, 하늘에서 내려오는 양식을 먹었다. 또한, 그가 팔을 높이 쳐들었을 때 대적을 무찌를 수 있었다. 그는 나팔 소리를 듣고 암흑 속으로 들어 갔으며, 손으로 만들어지지 않은 하늘의 성소를 볼 수 있었다. 그는 하나님의 제사장이 갖는 비밀도 배웠다. 그리고 그는 우상을 파괴했으며, 하나님께 탄원했다. 또한, 그는 백성들의 죄악 때문에 부서져버린 율법도 회복시켰다.

230. 그의 모습은 하나님이 주신 영광 때문에 눈이 부실 정도였다. 그러나 그렇게 높은 단계까지 올라갔음에도 불구하고, 그는 더 높은 단계를 추구하면서 결코 만족하지 않았다. 즉, 그는 자신이 더 큰 능력으로 채워지기를 원하면서, 하나님 보기를 갈망했던 것이다. 그러나 이것은 자신이 하나님을 볼 수 있는 능력을 갖추었다고 생각해서가 아니라, 하나님은 진실로 존재하는 분이심을 믿었기 때문이었다.

231. 모세가 이런 요구를 하는 것은, 그가 아름다운 것을 사랑하는 영혼을 가졌기 때문이다. 인간의 영혼은 눈에 보이는 아름다움

뿐만 아니라, 그 바깥에 있는 숨겨진 아름다움까지 추구하려는 욕구, 곧 소망을 갖게 된다. 그래서, 미(beauty)의 형상(image)이 항상 눈앞에 있다고 할찌라도, 미를 열렬히 사랑하는 사람은 단지 형상이 아니라, 그 원형(archetype) 즉, 참 모습을 보기를 갈구하는 것이다.

232. 그래서, 그는 매우 대담한 요구를 하게 된다 : 즉, 지고의 아름다움(the Beauty)을 직접 대면해서 볼 수 있기를 원했던 것이다. 이에 대해서, 하나님은 이 요구를 거절하는 동시에, 또한 들어주시겠다고 말씀하셨는데, 이것은 매우 깊은 의미를 담고 있다고 할 수 있다. 즉, 관대하신 하나님은 그의 요구를 들어 줄 것을 허락하셨지만, 이로 인해 그가 만족하게 되고 더 높은 것을 향한 추구를 중지하게 될까봐 또한 거절하신 것이다.

233. 만약 하나님을 봄으로 해서 더 높은 것을 향한 추구가 중단된다면, 하나님께서는 모세에게 자신을 보여주지 않았을 것이다. 왜냐하면, 하나님을 본다는 것은 곧 그러한 추구를 결코 멈추지 않는다는 것을 의미하기 때문이다. 그래서, 하나님은 이렇게 말씀하셨다 : "네가 내 얼굴을 보지 못하리니, 나를 보고 살자가 없음이니라"(출 33:20).

234. 성경은 여기에서 하나님을 본 사람은 반드시 죽는다고 말하는 것이 아니다 : 생명을 주시는 분의 얼굴을 보았는데 어떻게 죽을 수 있겠는가? 이와 반대로, 하나님은 생명을 주는 분이시다. 그러나 하나님이 갖고 계신, 소위 특성이라고 하는 것은 모든 특성을 초월하는 것이라고 할 수 있다. 그러므로, 하나님을 인식 가능한 존

재로 생각하는 사람은 생명을 부여 받을 수 없다. 왜냐하면, 그는 참 존재(Being)에서 벗어나서 감각적으로 존재하는 것들에 속해 있기 때문이다.

235. 참 존재는 곧 참 생명이다. 그리고 이런 존재는 도저히 인간이 이해할 수 없는 분이시다. 결국, 우리가 생명을 주는 분을 인식할 수 없다고 한다면, 우리가 인식할 수 있는 것은 곧 생명이 아니라고 할 수 있다. 그리하여, 모세는 그 욕구가 완전히 채워지지 못한 채 만족할 수밖에 없었다.

236. 모세는 하나님의 말씀을 통해서, 다음과 같은 진리를 깨달았다. 즉, 하나님은 어떤 한계도 갖고 있지 않는 무한한 존재라는 것이었다. 만약, 하나님을 어떤 것에 의해서 제한 될 수 있는 존재로 생각하려면, 하나님 보다 더 큰 경계선이 있다고 보아야 한다. 그리고 이렇게 제한된 존재는 마치 새들이 공중이라는 범위에 제한되고, 물속에 사는 생물들이 물이라는 범위에 제한되듯이, 일정한 활동 범위를 갖게 된다. 이 경계선의 한계는 매우 확실하다 : 물이라는 경계선은 물고기들에게 한계를 제공하며, 공중이라는 경계선은 새들에게 한계를 준다. 만약 하나님을 이와 똑같이 제한된 존재로 인식한다면, 하나님은 자신과는 다른 본성을 가진 어떤 것에 의해서 둘러싸여 있는 것이다. 그리고 논리적으로 볼 때, 둘러싸고 있는 경계선이 그 안에 있는 존재보다 더 크다고 할 수 있다.

237. 하나님이 선한 존재라는 것은 모두가 인정하는 진리이다. 그리고 본질상 선과 다르다고 하는 것은 곧 선이 아닌 어떤 것을

의미한다. 또한 우리는 선의 바깥에 있는 것을 악으로 인식한다. 그러나 포함하고 있는 것이 그것에 의해 포함된 것보다 더 크다고 하는 것은 분명한 사실이다. 고로, 하나님을 포함된, 제한된 존재로 생각하는 사람들은 선한 하나님이 바깥에 있는 악에 의해서 둘러싸여 있다는 결론을 내리게 되는 것이다.

238. 포함된 것은 자신을 포함하고 있는 것보다 작은 것이 사실이기 때문에, 포함하고 있는 존재가 포함된 것보다 더 강하다고 보아야 한다. 그래서, 하나님을 포함된 존재로 인식하는 사람들은 하나님이 악에 의해서 지배를 받는다고 생각하게 된다. 그러나 이것은 말도 안 되는 결론이다. 무한하신 하나님을 포함할 수 있는 존재란 있을 수 없기 때문이다. 그리고 그 어떤 것에도 포함되지 않으며, 한계도 없는 분을 인간이 인식하고 파악한다는 것도 있을 수 없는 일이다. 그러므로, 선을 향한 모든 욕구는 끊임없이 계속될 수밖에 없으며(빌 3:13), 이것은 선을 향해 나아가는 하나의 과정이라고 할 수 있다.

239. 결국 하나님을 본다는 것의 진정한 의미는 다음과 같다: 즉, 하나님을 보고자 하는 욕구를 결코 만족시키거나 중단하지 않는 것이다. 우리들은 볼 수 있는 것은 바라보면서도, 항상 좀 더 많은 것을 보려고 하는 욕구를 가져야만 한다. 하나님을 향한 성장 과정에서, 그 과정을 멈출 수 있는 한계란 있을 수 없다. 왜냐하면, 하나님의 선은 한계가 없기 때문이며, 선을 향한 추구를 멈출 수 있을 정도의 만족도 없기 때문이다.

240. 그러나 성경에서 말하고 있는 하나님 옆의 장소(place)란 무엇인가? 바위는 무엇인가? 그리고 바위에 난 구멍은 무엇이며, 그 구멍을 막았던 하나님의 손은 무엇인가? 또한 하나님의 지나가심은 무엇을 의미하는가? 모세가 하나님 보기를 요구했을 때, 그 요구들 들어 주시겠다고 하신 뒤, 그 등을 보여주신 것은 또 무엇을 의미하는가?

241. 이것들은 모두 하나님의 관대함을 나타내는 것으로서, 매우 중요한 사건임에 틀림없다. 그래서 이것은 이전에 모세에게 보이셨던 그 어떤 현시보다도 더 가치 있는 사건이라고 할 수 있다. 앞에서 모세가 하나님께 간청했던 그 높이가 무엇을 의미하는지 살펴보았으므로, 이제 "하나님을 사랑하는 자들에게는 모든 것이 협력하여 선을 이루게 하시는 분"(롬 8:28)이 모세를 어떻게 인도했는지 알아보도록 하자. 먼저, 하나님은 이렇게 말씀하셨다: "여기 내 곁에 한 장소가 있다"(출 33:21).

242. 우리가 앞에서 살펴본 사상이 이 구절을 이해하는 데 도움을 줄 것이다. 여기에서 "장소"라는 말은 어떤 제한된 장소를 의미하는 것이 아니며, 양(量)을 가리키는 말도 아니다. (왜냐하면, 양이란 것은 측정될 수 있기 때문이다). 이와 반대로, 하나님은 장소라는 비유를 사용해서 모세를 무제한적이고 무한한 곳으로 인도하고 계신 것이다. 즉, 이 성경 구절(하나님의 말씀)은 다음과 같이 풀어 쓸 수 있다 : "너 모세가 자신의 성장에 결코 만족하지 않고 '앞에 있는 것'(빌 3:13)을 계속해서 추구하기 때문에, 그리고 선이 어떤 한계도 가지고 있지 않다는 것을 알고 있기 때문에, 또한 나와 함께하는 장

소는 너무나 위대해서 그 누구도 다다를 수 없는 곳이기 때문에, 너의 성장과 노력은 결코 멈출 수 없는 것이다".

243. 그러나 다음의 성경 구절은 성장을 서 있는 것으로 이해하게 만든다. 즉, 하나님께서 모세에게 "너는 그 반석 위에 섰으라"(출 33:21)고 말씀하신 것이다. 이것은 가장 경이로운 일이라고 할 수 있다: 어떻게 서 있는 것과 움직이는 것(성장하는 것)이 같을 수 있겠는가? 왜냐하면, 성장하는 사람은 그 자리에 서 있을 수 없으며, 이와 반대로 서 있는 사람은 앞으로 전진 할 수 없는 것이 사실이기 때문이다. 그러나 이 구절을 통해서 보면, 그 자리에 서 있음으로 해서 성장하게 된다. 즉, 선 안에 확고하게 서 있을수록 덕의 과정에서 더 많이 성장할 수 있다는 진리를 가르치고 있는 것이다. 자신의 이성을 믿는 사람은 넘어지기 쉽다. 즉, 그는 선 안에 확고히 서지 않았기 때문에, "모든 교훈의 풍조에 밀려"(엡 4:14) 다니면서 참 실제가 무엇인지 깨닫지 못하고 있는 것이다. 그리고 이런 사람들은 덕의 높이에 결코 도달할 수 없는 자들이다.

244. 이들은 모래 언덕을 오르는 사람들과 같다 : 비록 이들이 열심히 노력한다고 하더라도, 이들의 발걸음은 항상 미끄러지고 말 것이며, 결국, 어떤 진전도 이룰 수 없을 것이다. 그러나 모래 구덩이에서 빠져나와 바위(바위는 절대적인 덕이라고 할 수 있는 그리스도를 의미한다. 고전 10:4)위에 선다면, 그는 선 안에서 더욱 "견고하며 흔들리지 않게"(고전 15:58) 될 것이며, 그 과정을 더 빨리 성취할 수 있을 것이다. 그것은 마치 마음은 하늘을 날고 있지만, 그 발은 선 안에 두고 있는 새의 모습과도 같다고 할 수 있다.

245. 이런 이유 때문에, 하나님은 모세에게 그 반석 위에 서 있으라고 말씀하시면서, 동시에 계속해서 덕의 길을 걷도록 격려하신 것이다. 즉, 하나님께서 모세에게 바위 위에 서 있으라고 명령하시면서, 덕을 향한 성장이 무엇인지 가르쳐 주신 것이다. 그리고 바위에 난 구멍이 무엇을 의미하는지는 바울의 말을 통해서 알 수 있다. 바울은 땅의 장막이 무너졌을 때, 손으로 만들어지지 않은 하늘의 장막을 바라보아야 한다(고후 5:1)고 말했는데, 여기에서 말하는 하늘의 장막이 곧 바위에 난 구멍을 의미하고 있는 것이다.

246. 사도가 말한 것처럼, 덕이라는 넓고 넓은 경기장에서 경주를 하는 사람들은 반석 위에 서야 한다. 다시 말해서 "믿음을 지켜야"(딤후 4:7)한다; 그리고 이런 사람들이 재판관으로부터 의의 면류관을 받게 되는 것이다. 성경에서는 이들이 받게 될 보상을 여러 가지 형태로 묘사하고 있다.

247. 성경에는 바위에 난 구멍과 같은 뜻을 가진 말들이 여러 게 있다. 낙원의 즐거움(창 2:15; 3:23), 영원한 장막(고후 5:1), 아버지의 집(요 14:2-23), 열조의 품(눅 16:22), 살게 하는 땅(시 26:13; 114:9), 쉴만한 물가(시 22:2), 위에 있는 예루살렘(갈 4:26), 천국(마 13:44), 부름의 상(빌 3:14), 은혜의 관(잠 1:9, 4:9), 영화로운 관(잠 4:9), 아름다운 면류관(사 62:3), 기(시 60:4), 율법에의 기쁨(사 65:11-14), 하나님의 보좌(잠 25:4, 8; 눅 22:30; 마 19;28), 이름을 두신 곳(신 12:5), 숨겨진 집(시 26:5).

248. 그리고 모세가 바위틈 속으로 들어간 것은 매우 중요한

영적 의미를 갖고 있다. 우리는 바울을 통해서 그리스도가 곧 바위라는 것을 깨달았다. 때문에, 모세도 곧 그리스도 안으로 들어갔다고 볼 수 있다. 그리고 우리는 선을 향한 모든 소망은 그리스도 안에 있다고 믿고 있으며, 또한 선한 보화들도 모두 그 안에 있다고 배웠다 (골 2:3; 엡 1:3). 즉, 선을 추구하는 사람은 그리스도 안에서 그것을 발견하게 된다. 왜냐하면, 모든 선을 다 포함하고 있는 분이 바로 그리스도이기 때문이다.

249. 바위틈으로 들어간 뒤 하나님의 손으로 가려진 사람은—여기에서 하나님의 손은 곧 창조력을 의미한다. 즉, 만물을 창조하신 독생자 하나님(요 1:18, 1:3)을 가리키고 있다. 이분은 달리는 자들에게는 길과 장소가 되며(요 14:6), 확고히 서고자 하는 자들에게는 바위가 되고, 그리고 쉬고자 하는 자들에게는 집(요 14:2)이 되어 주신다—자신을 부르시는 하나님의 목소리를 들을 수 있고, 그 분의 등을 볼 수 있다. 그리고 율법에서 말하듯이, 하나님의 등을 본다는 것은 곧 "여호와 하나님을 따르는 것"(신 13:4)을 의미한다.

250. 하나님께서 "지존자의 은밀한 곳에 거하는"(시 91:1) 모세에게 "내가 너를 그 어깨로 덮으리니"(시 91:4)라고 말씀하셨을 때, 모세는 자신이 하나님의 등 뒤에 있다는 것을 깨달았다(왜냐하면 어깨는 등에 있는 기관이기 때문이다). 이와 관련해서, 다윗도 "내 영혼이 주를 따르리니 주의 오른팔이 나를 붙드셨다"(시 63:8)고 말하였다. 당신은 시편 기자의 이 말이 지금 우리의 주제와 어떻게 일치하는지 깨달았을 것이다. 즉, 하나님께서 자신의 뒤를 따르는 자들을 그 오른손으로 도와주신다는 말을 좀 다르게 표현하면,

바위 속에서 하나님의 목소리를 기다리고 그 뒤를 따르기를 기도하는 사람을 그 손으로 만져 주신다고 말할 수도 있는 것이다.

251. 여기에서는 이 의미를 상징적으로 말씀하셨지만, 주님께서 율법을 완성시키기 위해서 이 땅에 오셨을 때, 그는 제자들에게 이 의미를 확실하게 설명해 주셨다. 즉, 주님께서는 "누구든지 내 앞서 행하라"고 하지 않으시고 **"누구든지 나를 따라 오려거든"**(눅 9:23)이라고 말씀하신 것이다. 그리고 영생을 구하는 자들에게도 이와 똑같이 **"와서 나를 따르라"**(눅 18:22)고 말씀하셨다. 결국, 하나님의 등을 본다는 것은 곧 그를 따른다는 의미였다.

252. 하나님 보기를 갈구했던 모세는 이제 하나님을 어떻게 볼 수 있는지 깨닫게 되었다. 즉, 하나님이 어디로 인도하든지 그를 따르는 것이 곧 하나님을 보는 것이다. 그리고 하나님의 지나가심은 그를 따르는 자들을 인도하신다는 의미로 해석할 수 있다. 왜냐하면, 길을 모르는 사람은 자신의 여정을 안전하게 마칠 수 없기 때문에, 인도자의 뒤를 따라가야 하는 것이다. 인도자는 항상 자신을 따르는 자들에게 길을 가르쳐 준다. 그래서 그 인도자의 등을 항상 쳐다보고만 있으면, 길을 잃어버리는 일은 없을 것이다.

253. 인도자에게 시선을 고정시킨 사람은 인도자가 보여주는 길 외에 다른 길은 갈 수 없다. 그래서 하나님께서는 자신을 따르는 자들에게 **"내 얼굴을 보지 못하리라"**(출 33:23)라고 말씀하신 것이다. 다시 말해서 "너를 인도하는 인도자의 얼굴을 보지 말라"고 하신 것이다. 만약, 우리가 인도자의 얼굴을 보려고 한다면, 우리의

여정은 정반대의 방향으로 나아가게 될 것이다. 왜냐하면, 선은 그 얼굴을 바라보는 것이 아니라, 그 뒤를 따르는 것이기 때문이다.

254. 선을 따르는 것의 반대가 선을 앞에서 직면하는 것이라고 한다면, 선을 정면으로 바라보는 것은 악이라고 할 수 있다. 그러나 덕이 악한 것으로 인식될 수는 없다. 그래서 모세는 하나님의 얼굴을 보지 않고 그의 등을 본 것이다; 그리고 하나님의 얼굴을 본 사람은 누구든지 죽게 될 것이다. 이것은 성경에서도 하나님의 얼굴을 "바라보지 않는 자는 산다"(출 22:20)고 증거하고 있는 것이다.

255. 당신은 하나님을 따르는 방법을 배운다는 것이 얼마나 위대한 일인지 깨달았을 것이다. 즉, 고상한 높이까지 오르고, 두렵고 영광스러운 여러 종류의 신의 현시를 경험한 후에, 모세는 하나님을 따르는 방법을 배울 수 있었던 것이다. 그리고 모세는 이 은총을 소중하게 여겼다.

시기 받은 모세

256. 이제 어떤 악도 하나님을 따르는 모세를 공격할 수 없었다. 이런 일들이 있은 후에, 모세의 형제들이 그에게 대항하기 시작했다. 시기심은 악을 야기시키는 욕망이며, 죽음의 아비요, 죄악의 첫 관문이며, 사악함의 뿌리이다. 그리고 슬픔의 근원, 불행의 어미, 불복종의 근원이며, 부끄러움의 시작이다. 또한 이 시기심은 하와를 유혹했던 뱀과 같이 우리들을 낙원에서 쫓아내려고 한다. 그리고 우

리들을 생명나무로부터 몰아내어 거룩한 옷을 벗기고 무화과 나뭇잎으로 만든 옷을 입은 채 달아나게 만든다.

257. 시기심은 가인에게 선한 본성을 거스리게 했으며, 일곱 배의 벌을 받게 되는 죽음을 초래하도록 만들었다(창 4:24). 또한 그 시기심은 요셉을 노예로 만들었다. 이 시기심은 죽음을 부르는 가시이며, 숨겨진 무기, 본성의 병듦, 독약, 자기의지의 쇠약, 아픈 침, 영혼의 바늘, 마음의 불, 그리고 내부에서 타오르는 불꽃이다.

258. 시기에 대해서 말하자면, 이것은 자신의 불행을 불운으로 여기는 것이 아니라, 상대방의 행운을 불운으로 여기는 특성을 가지고 있다. 다시 역으로 말해서, 성공이란 그 사람의 행운일 뿐, 시기하는 사람들에게는 불운이 되는 것이다. 시기심은 사람들이 선한 행동을 할 때 근심하게 되고, 그들이 불행해지면 즐거워한다. 또한 시기심은 썩은 시체를 먹는 독수리와 같기 때문에, 이들은 향기로운 냄새로 몰아낼 수 있다. 즉, 시기심은 그 본성상 더럽고 썩은 것들과 같은 종류인 것이다. 상대방의 행복이 곧 향기로운 내음이라고 할 수 있는데, 시기심에 사로잡힌 사람은 이 향내로 인해 고통 받게 되는 것이다. 그러나 그가 어떤 불행을 보게 된다면, 곧 그리로 날아가 부리로 쪼아대면서 그 감춰졌던 본성을 드러내 놓기 시작한다.

259. 시기심은 모세 이전에 살았던 사람들과도 싸워왔다. 그러나 이 시기심도 모세 앞에서는 바위에 때려진 질항아리 같이 깨어지고 말았다. 오히려, 이것 때문에 모세가 하나님을 향한 덕의 여정에서 얼마나 성장했는지 보여줄 수 있게 되었다. 즉, 모세는 하나님

의 장소에서 줄달음치는 동시에 바위 위에 굳건하게 섰으며, 그 바위 구멍 속에 거하였다. 그리고 하나님이 손으로 가리워졌으며, 그 뒤를 따라갔다. 또한 그의 인도자를 결코 정면으로 보지 않고 등만 바라보며 그 뒤를 따라갔던 것이다.

260. 모세는 하나님을 따르는 큰 축복을 받은 사람이었기 때문에, 시기의 화살도 그를 공격하진 못했다. 즉 시기심이 모세를 겨냥해서 화살을 쏘았지만, 모세가 있는 높이까지 이를 수 없었던 것이다. 악의 활 시위도 모세가 있는 곳까지 활을 쏘기에는 너무나도 약한 것이었다. 그러나 아론과 미리암은 이 악의 영향에 사로잡혀, 질투의 활이 되고 말았다. 그리하여 시기의 말을 쏘아대며 모세를 공격하고 말았다.

261. 그러나 모세는 그들의 죄악에 동조하지 않고, 오히려 하나님의 심판으로 병에 걸린 그들을 돌보며 위로하였다. 모세는 자신을 공격하는 이들에게 대항하기는커녕 이들을 위해서 하나님의 은혜를 탄원했던 것이다. 나는 모세의 행동을 통해서 다음과 같은 사실을 배웠다. 즉, 덕이라는 방패로 무장된 사람은 악한 화살의 공격도 막아낼 수 있다는 것이다.

262. 모세에게 있어서는 창날도 무딜 수밖에 없었다: 그가 입은 갑옷이 매우 두꺼웠기 때문에 이들을 모두 방어할 수 있었던 것이다. 이 악의 화살들을 막을 수 있는 갑옷은 바로 하나님 자신인데, 덕의 군사들은 이 갑옷을 입어야만 한다. 왜냐하면, 성경에서도 "예수 그리스도로 옷 입으라"(롬 13:14)고 명령하셨기 때문이다. 다시

말해서, 이 갑옷으로 완전히 무장함으로써 우리는 어떤 악의 공격도 이겨낼 수 있는 것이다. 모세도 이렇게 잘 무장하고 있었기 때문에 악의 화살도 그 앞에서는 무력할 수밖에 없었다.

263. 모세는 자신을 슬프게 하는 자들에게 대항해서 자신을 방어하려고 하지 않았다. 그들이 공정한 심판으로 처벌을 받았고, 또 이런 처벌이 마땅한 일이라는 것을 알았지만, 그럼에도 불구하고 모세는 그 형제들을 위해서 하나님 앞에 중보기도를 드렸다. 그러나 만약 그의 뒤에 하나님이 계시지 않았다면, 다시 말해서 덕의 인도자로서 자신에게 등을 보여 주시는 하나님이 계시지 않았다면, 그는 이렇게 행동하지 못했을 것이다.

여호수아와 정탐꾼들

264. 악한 대적들이 모세와의 싸움에서 패하고 난 뒤, 이제는 좀 더 공격하기 쉬운 사람들과 대항해서 싸우기 시작했다. 그래서 과식의 욕망이라는 화살이 백성들에게 쏟아지자 이들은 애굽의 삶을 그리워하기 시작했으며, 심지어 하늘의 양식을 마다하고 고기가 먹고 싶다고 소리쳐댔다.

265. 그러나 모세는 고양된 영혼을 소유한 자로서 그런 욕망에는 초월한 사람이었다. 오히려 그는 하나님께서 애굽(영적으로 이해해야 한다) 생활에서 벗어난 자들에게 약속하신 축복의 땅에 관심을 기울이고 있었다. 그리고 이 백성들을 젖과 꿀이 흐르는 그 땅으

로 인도하려고 애썼다. 이 때문에 모세는 정탐꾼들을 보내서 그 땅이 얼마나 아름다운 곳인지 알아보도록 했던 것이다.

266. 내 생각에 정탐꾼은 두 부류가 있다고 본다 : 한편은, 선한 것에 대한 소망을 제공하는 자들로서, 이들은 우리들을 위해서 준비된 것들에 대한 소망과 확고한 믿음을 가진 자들이다; 다른 한편은, 대적자들로서, 이들은 소망을 거절하고 더 좋은 것들에 대한 믿음도 포기한 자들이다. 모세는 대적자들의 보고는 믿지 않았으나 그 땅이 아름다운 곳이라고 말한 사람들은 믿었다.

267. 여호수아는 정탐이라는 선한 임무를 지도했던 자로서, 확신에 가득 찬 말로 자신의 보고가 진실임을 역설했던 사람이었다. 모세가 그를 바라보았을 때 그는 미래에 대해서 확고한 소망을 가질 수 있었다. 즉, 여호수아는 그 땅의 풍족함을 증명하기 위해서 장대에 포도송이를 매달고 왔다. 물론 당신이 그 땅에 대해서, 그리고 나무에 매달린 포도송이에 대해서 여호수아가 한 말을 들었을 때, 당신은 여호수아의 소망을 그렇게 확고하게 만든 것이 무엇이었는지 감지했을 것이다.

268. 여기에서 나무에 매달린 포도송이, 즉, 최후의 날에 피가 되어서 믿는 자들로 하여금 구원을 얻게 할 이 포도송이는 무엇을 의미하고 있는가?(요 15:21) 후에 모세는 이 표징에 대해서 다음과 같이 해석하고 있다. "포도즙의 붉은 술을 마셨다"(신 32:14). 즉, 모세는 우리들을 구원하기 위해서 그리스도가 겪은 수난을 말하고 있는 것이다.

구리뱀

269. 다시 광야로 접어들게 된 이스라엘 백성들은 약속된 축복에 대한 소망을 잃어버리고 갈증에 시달리게 되었다. 모세는 이들을 위해서 또다시 광야에서 물이 흐르게 하는 기적을 행하였다. 이 사건을 영적으로 해석해볼 때, 우리는 회개의 신비가 무엇인지 배우게 된다. 반석의 물을 마신 뒤에도 계속해서 식욕의 욕심과 세속적인 쾌락을 추구한 자들은 하나님의 약속된 축복에서 제외되었다.

270. 그러나 이런 자들도 회개를 통해서 반석을 다시 찾고 그들의 갈증도 해소시킬 수 있었다. 그리고 그 반석은 모세와 같은 사람들에게 물을 흘러 보냈다. 즉, 여호수아의 보고를 진실이라고 믿는 사람들과 포도송이를 통해 자신들을 위한 그리스도의 고통과 피흘림을 본 사람들, 그리고 반석에서 물을 얻기 위해 나무를 준비한 사람들에게 물을 흘러 보낸 것이다.

271. 그러나 이스라엘 백성들은 이런 모세에게 보조를 맞출 수 있을 정도로 성장하지 못했다. 그들은 여전히 욕망의 노예가 되어 애굽 생활이 주는 쾌락에 연연해 하고 있었다. 우리는 이 이야기를 통해서 이런 욕망에 사로잡힌 인간의 모습과, 이로 인해 생긴 질병을 살펴볼 수 있다.

272. 의사가 치료를 통해서 질병이 확산되는 것을 막는 것처럼, 모세도 사람들이 질병으로 인해 죽도록 내버려 두지 않았다. 즉, 뱀이 나타나서 욕망에 사로잡힌 자들을 물기 시작했으며, 물린 사람

들의 몸에 독이 퍼져 나갔다. 그러나 위대한 율법 수여자 모세는 뱀의 형상을 사용해서 사람들의 몸에 퍼진 독을 해독시켰다.

273. 이제 이 사건이 상징하고 있는 의미를 설명하고자 한다. 이 악한 욕망들을 무력하게 할 수 있는 해독제가 하나 있었다: 그것은 신앙의 신비를 통해서 이룰 수 있는 것으로써 곧 영혼의 정화이다. 그리고 이러한 믿음의 행위 중에서도 가장 중요한 것은 우리들을 위해서 고난을 받으신 그 분을 바라보는 것이다. 십자가는 곧 수난이다. 그래서 그것을 바라보는 사람은 누구든지 욕망이라는 독소를 해독시킬 수 있다(민 21:8)

274. 십자가를 바라본다는 것은 자신의 전 삶을 세상에 못 박아 죽인 뒤(갈 6:14) 다시는 악에 사로잡히지 않는다는 것을 의미한다. 그리고 이것은 "그들이 하나님을 두려워함으로 그들 자신의 몸을 못 박는다"라고 한 예언자의 말에서 더욱 확실해진다. 여기에서 못은 자기 통제를 의미한다.

275. 난폭한 욕망들은 땅에 있는 뱀을 통해서 생겨났다고 할 수 있다. (왜냐하면, 악한 욕망의 결과들이 곧 하나의 뱀이라고 할 수 있기 때문이다) 이와 반면에 우리들은 율법을 통해서, 나무에 달린 뱀의 형상이 무엇을 상징하는지 알 수 있다. 이것이 상징하는 것은 뱀 자체가 아니라, 뱀과 유사한 것이라고 할 수 있다. 즉, 바울이 "**죄 있는 육신의 모양**"(롬 8:23)이라고 한 것도 나무에 달린 뱀의 형상을 가리켜 한 말이었다. 그러나 이와 반대로 죄는 그 형상이 아니라, 실제적인 뱀이라고 할 수 있다. 그래서 죄에 물든 사람들은 뱀의 본

성을 입은 것이다. 결국, 죄는 실제적인 뱀의 본성을 가졌다고 할 수 있지만, 나무에 달린 뱀은 그 형상에 불과하다는 것을 알 수 있다.

276. 인간은 죄의 몸을 입은 사람을 통해서, 즉, 우리처럼 뱀의 형상을 입은 사람을 통해서 죄에서 자유로워질 수 있다. 그 분은 우리가 뱀에게 물려 죽는 것은 막아 주셨지만, 그 뱀을 소멸시켜 주시진 않는다(여기에서 뱀이란 곧 욕망을 의미한다). 왜냐하면, 십자가를 바라봄으로써, 죄로 인한 죽음은 면할 수 있지만, 성령을 거스리고 일어나는 육체적인 정욕은 완전히 소멸시킬 수 없기 때문이다(갈 5:16).

277. 사실, 신실한 자들에게도 욕망은 자주 일어난다. 그러나 십자가에 달리신 그리스도를 바라보는 사람들은 이 욕망을 거절하고, 율법이라는 해독제를 사용해서 이 독소를 희석시킬 수 있다. 주님께서도 광야에서 들리운 뱀이 십자가의 신비를 나타내는 사건이라고 분명하게 가르쳐 주셨다. 즉, 그는 "모세가 광야에서 뱀을 든 것 같이 인자도 들려야 하리니"(요 3:14)라고 말씀하신 것이다.

참된 제사장

278. 죄는 그 악한 모습을 계속해서 드러냈다. 그리고 모세는 그때마다 그 악에 대한 치료책을 제공했다. 뱀의 독소가 구리뱀을 바라본 사람들에게는 무력해져 버리자—당신은 이미 이 사건이 무엇을 상징하는지 배웠다—우리들을 대항해서 여러가지 방법을 강구하고 있는 죄가 또 다른 책략을 드러내 놓기 시작했다.

279. 이런 일은 지금도 여러 가지 상황에서 찾아 볼 수 있다. 각 개인들이 훈련의 삶을 통해서 욕망을 다스리게 되자, 이번에는 이 죄가 사제들을 공격하기 시작한 것이다. 그리하여, 사제들은 인간적인 욕망과 이기적인 야망을 가지고 하나님이 주신 직무를 사칭하고 있다. 그리고 사람들 안에서 악을 일으키는 죄란 놈이 이 사제들을 계속해서 악으로 몰아넣는 것이다.

280. 욕망을 품었던 사람들이 십자가에 매달린 그리스도를 믿게 되자, 그들을 물었던 뱀은 더 이상 나타나지 않았다. 그러나 죄는 이보다 더 해로운 독소를 만들어야겠다고 생각하기 시작했다. 그리하여, 욕망이 나간 빈 자리에 오만이라는 질병이 자리 잡기 시작했다. 이 오만이 사람들 사이에 들어가서 하나님의 제사장들을 내쫓으려고 했던 것이다. 그러나 땅이 갈라지더니 이들을 다 삼켜 버리고 모두 소멸시켜 버렸다. 그리고 나머지 사람들도 모두 불에 타 재가 되어버리고 말았다(민 16:31-35). 성경은 이 이야기를 통해서, 자신을 높이는 오만한 자는 결국 땅 밑으로 떨어지는 운명을 맞게 된다는 사실을 가르치고 있다. 결국 이렇게 보면, 오만을 하나의 내리막

길로 정의하는 것도 틀린 말은 아닐 것이다.

281. 그러나 오만에 대한 일반적인 정의가 이와 다르다고 해서 놀라지는 말자. 왜냐하면, 사람들은 "오만"을 "다른 사람들 보다 위에 있다"는 뜻으로 알고 있기 때문이다. 그러나 이 이야기는 일반적인 정의보다 우리들이 내린 정의가 더 타당하다는 사실을 입증하고 있다. 즉, 자신을 높인 사람들은 갈라진 땅 밑으로 떨어져 멸망당하고 말았던 것이다. 결국 "오만"을 "비참한 추락"이라고 정의하는 것에 이의를 제기할 사람은 아무도 없을 것이다.

282. 모세는 이 광경을 지켜본 사람들에게 겸손해야 하며, 옳은 행동을 했다고 해서 우쭐대지 말고 항상 현재의 선한 마음을 간직해야 한다고 가르쳤다. 그리고 한 가지 욕망을 극복했다고 해서 다른 종류의 욕망에 사로잡히지 않는 것도 아니다. 또한, 모든 욕망은 하나의 추락이라고 할 수 있다. 욕망에도 여러 가지 종류가 있지만, 이것을 추락도 여러 종류가 있다는 것으로 이해해서는 안 된다. 어떤 욕망이든지 일단 욕망에 빠져든 사람은 오만한 사람이 그랬던 것처럼 이미 추락한 사람이라고 할 수 있다. 지혜로운 사람이라면 어떤 종류의 추락도 모두 피하려고 노력해야 할 것이다.

283. 만약 당신이 쾌락의 질병으로부터 어느 정도 자신을 정화시켰다고 하면서도, 사제라는 직분으로 자신을 남보다 높이는 사람들을 본다면, 이 사람은 자신의 오만함 때문에 이미 땅 밑으로 추락한 사람인 것을 깨달아야 할 것이다. 왜냐하면, 율법에서도 사제직이란 하나님께 속한 것이며, 결코 인간에게 속한 것이 아니라고 가르

치고 있기 때문이다. 그리고 이 진리를 다음과 같은 방법으로 가르쳐 주고 있다.

284. 모세는 각 지파의 지팡이에 이름을 새겨서 제단 앞에 놓았다. 그 결과 지팡이 하나가 기적을 일으키면서, 하나님의 진정한 뜻이 무엇인지 알려 주었다. 즉, 다른 지팡이에는 아무런 변화도 일어나지 않았지만, 제사장의 지팡이는 그 자체가 뿌리가 되어 가지를 내고 곧 무르익은 열매를 열리게 했던 것이다. 그것은 아몬드 열매였다.

285. 이스라엘 백성들은 이 사건을 통해서 큰 깨달음을 얻었다. 즉, 아론의 지팡이에 열린 열매를 통해서, 제사장의 직분을 맡은 사람이 어떻게 살아야 하는지 배운 것이다—다시 말해서, 자기통제의 삶을 살아야 한다. 그리고 이것은 겉보기에는 딱딱하고 메마른 것 같지만, 그 안에는 달콤한 맛을 가지고 있는 삶을 의미한다. 그리고 이 맛은 열매가 무르익어 딱딱한 껍질이 벗겨지고 나면 맛볼 수 있다.

286. 만약 당신이 성직자의 삶 안에서 고운 자색옷을 입고 배부른 식사를 하며, 귀한 포도주를 마시고 몰약을 바른 사람들의 모습을 보게 된다면(cf.눅 16:19; 암 6:6), 다시 말해서 사치스러운 삶을 즐기며 사는 사람들의 모습을 보게 된다면, 당신은 복음서의 증거, "내가 너의 열매를 보니, 이 열매는 진정한 제사장의 열매가 아니로다"(눅 6:43)라는 말을 이 상황에 적용시켜 보아야 할 것이다. 이것은 사제들이 맺어야 할 열매와 그 실제적인 삶의 방식이 너무나도

다른 것을 의미한다. 즉, 그 열매는 자기통제이지만, 그들의 실제적인 삶의 모습은 방종이라고 할 수 있다. 그리고 사제직의 열매는 땅에서 나는 습기를 먹고 자라는 것이 아니다. 이런 종류의 열매는 그 자체로 기쁨의 물줄기들을 가지고 있는데, 이 물줄기를 통해서 열매가 성숙하게 되는 것이다.

왕의 대로(大路)

287. 이스라엘 백성들이 이 욕망에서 자유롭게 된 뒤에, 이방인의 길을 통과했다. 율법은 그들을 왕의 대로로 인도했으며, 그들도 결코 그 대로에서 벗어나지 않았다. 높고 좁은 길과 그 양편에 난 낭떠러지를 생각해 보자: 그 길을 건너는 사람이 길 중앙에서 조금이라도 벗어난다면 큰 위험에 빠지고 말 것이다(길을 벗어난 사람은 낭떠러지로 떨어지고 말 것이기 때문이다). 이 때문에, 율법도 우리들에게 좁고 험한 길에서 좌로나 우로나 치우치지 말라고 경고한다(마 7:14, 신 28:14).

288. 우리는 이 가르침을 통해서, 덕은 곧 중용 안에 놓여 있다는 사실을 알게 된다. 따라서 모든 종류의 악은 덕이 부족하거나 너무 과할 때 야기되는 것이라고 할 수 있다. 용기를 예로 들 때, 소심함은 덕의 결핍이라고 할 수 있으며, 당돌함은 그것이 과한 경우라고 할 수 있다. 결국 순수한 덕이란 이 두 종류의 악 사이에 놓여 있는 것이다. 그리고 이밖에 다른 덕들도 모두 두 종류의 악을 양쪽에 낀

채로, 그 길 중앙에 놓여 있다고 할 수 있다.

289. 지혜도 하나의 중용이라고 할 수 있으며, 지혜와 순결 사이에 놓여 있다. 만약, 어떤 사람이 뱀의 지혜와 비둘기의 순결 중 한 가지만 선택하는 것은 바람직한 일이 아니다(마 10:16). 오히려 중용을 통해서 두 가지를 다 겸비한 마음이 곧 덕인 것이다. 겸손이 부족한 사람은 방탕한 자이며, 겸손이 과한 사람은 사도의 말처럼 "양심이 화인 맞아서 외식하는"(딤전 4:2)자이다. 즉, 한 사람은 자신을 자제하지 않고 쾌락에 넘겨준 사람이며, 또 한 사람은 은밀하게 간음을 하면서 결혼을 불결하게 만드는 사람인 것이다. 우리는 이 둘 사이에 있는 중용을 통해서 겸손을 이룰 수 있다.

290. 주님께서 "이 세상은 악한 자 안에 놓여 있다"(요일 5:19)고 말씀하셨기 때문에 이 세상에 있는 모든 것들이 덕에 반대되는 것이라고 할 수 있으며, 율법을 따르는 자들을 거스리고 있는 것이 사실이다. 그러나 덕의 대로(大路)만 걷는 사람이라면, 이 덕의 여행을 안전하게 끝마칠 수 있을 것이며, 악 때문에 그 길에서 벗어나는 일도 없을 것이다.

발람과 모압의 딸들

291. 이미 살펴본 것처럼, 이스라엘 백성들이 대적자들의 공격을 물리치고 난 뒤, 이로 인해서 이들의 신앙이 오히려 독실해지고 덕의 삶이 성장하게 되자, 이 대적들은 또 다른 공격 방법을 고안해

냈다. 즉, 그들이 정식 전투에서는 이스라엘백성보다 열세라는 것을 알았기 때문에 잠복전의 계획을 세우게 된 것이다. 이제 악은 율법과 덕로 무장한 이스라엘 백성들과 정면으로 대결하지 않고 비밀리에 잠복군을 매복시킴으로써 그들의 공격을 감행하였다.

292. 여기에서 악은 이스라엘 백성들을 공격하기 위해서 마법과 동맹을 맺었다. 우리는 성경을 통해서 이 마법이 곧 점쟁이들이라는 것을 알 수 있다. 즉, 이들은 마귀의 힘을 이용해서 대적들을 공격하는 자들이었는데, 미디안의 통치자가 하나님의 백성들을 저주하기 위해서 이 점쟁이를 고용했다. 그러나 이스라엘 백성들을 향한 점쟁이의 저주가 사실상 축복이 되고 말았다. 우리는 이 이야기를 통해서 마법이란 것도 고결한 삶을 사는 사람들에게는 무력하다는 것임을 알 수 있다: 그리고 하나님이 도우시는 사람들은 어떤 맹공격도 이겨낼 수 있다.

293. 성경은 점쟁이가 마법의 능력을 갖고 있어서 새들을 통해 예언을 받는다고 기록하고 있는데, 이로 인해서, 이 마법이 새를 관찰하고 점을 치는 것임을 알 수 있다. 하나님은 이 일이 있기 전에 나귀의 음성을 통해서 점쟁이의 직무가 무엇인지 그에게 가르쳐 주셨다(민 22:22ff.). 그는 평소에도 동물의 음성을 통해서 마귀의 조언을 듣곤 했기 때문에, 하나님께서도 나귀의 음성을 사용하셨던 것이다. 여기에서 볼 수 있는 것은, 악마의 사술을 받아 왔던 사람들은 자신의 이성보다 비이성적인 동물들의 음성에 더 주의를 기울인다는 사실이다. 그러나 나귀의 음성에 귀를 기울인 점쟁이가 이번에는 오히려 진리를 배울 수 있었다. 즉, 자신을 고용한 사람보다 하나님

의 능력이 더 크다고 하는 것이었다.

294. 복음서를 보면, 군대 마귀가 주님의 권위에 대항하고 있음을 볼 수 있다. 만물을 다스리는 권능을 가진 그리스도가 그에게 다가가자 군대 마귀는 그리스도의 권능을 인정하면서, 때가 되면 죄인들을 심판하신다는 사실을 고백하고 있다(막 5:9; 눅 8:30). 즉, 마귀는 "나는 당신이 누구인줄 아오니 하나님의 거룩한 자니이다" (막 1:24). 그리고 "하나님의 아들이여 때가 이르기 전에 우리를 괴롭게 하려고 여기 왔나이까"(마 8:29)라고 고백했다. 이와 똑같은 일이 발람에게도 일어났다. 하나님의 간섭을 통해서, 마귀가 발람에게 하나님의 백성들은 대항할 수 없는 존재임을 가르쳐 준 것이다.

295. 이 이야기에서 우리는 고결한 사람들을 향한 저주는 어떤 해로움도 야기시킬 수 없을 뿐만 아니라, 오히려 그 저주가 축복으로 변한다는 사실을 알게 되었다.

296. 욕심 없는 사람을 어떻게 탐욕스럽다고 꾸짖을 수 있겠는가? 은둔자의 삶을 사는 사람에게 어떻게 방탕에 대한 설교를 할 수 있겠는가? 그리고 중용의 삶을 사는 사람에게 어떻게 사치에 대한 설교를 하며, 비난받을 일이라곤 전혀 하지 않는 고귀한 사람들에게 어떻게 수치스러운 일에 대한 설교를 할 수 있겠는가? 이런 사람들의 목적은, 사도가 말한 것처럼, "대적하는 자로 하여금 부끄러워 우리를 악하다 할 것이 없게 하기"(딛 2:8)위해서 흠 없는 삶을 사는 것이다. 이런 이유에서 그 점쟁이는 "하나님이 저주치 아니한 자를 어찌 저주할 수 있으리요"(민 2, 3:8)라고 말했던 것이다. 다시

말해서, "비난할 이유가 전혀 없는 사람들을 어떻게 비난할 수 있겠는가? 즉, 그들은 하나님을 바라보는 자들로서, 이들의 삶에서 어떤 악도 찾아 볼 수 없는 것이다."

297. 악이 이스라엘 백성들을 공격하는 데 있어서 또다시 실패한 것은 사실이지만, 이 공격을 완전히 멈춘 것은 결코 아니었다. 이번에는 쾌락을 이용해서 인간의 본성을 악으로 몰아가기 시작했다. 쾌락이란 진실로 악이 던지는 미끼라고 할 수 있다; 이 미끼를 가볍게 던져만 놓으면, 탐욕스런 영혼들은 이 미끼를 물고 파멸하게 되는 것이다. 특히 음탕한 쾌락은 금방 악으로 빠져드는 성질을 가지고 있다. 다음 사건은 이런 경우에 해당된다고 할 수 있다.

298. 적의 군대를 무찌르고, 어떤 공격 앞에서도 강했던 사람들이었지만, 여성들이 쏜 쾌락의 화살에는 상처받기 시작했다. 군사보다 강했던 사람들이 여성들에게 정복당한 것이다. 무기 대신 아름다운 용모를 가지고 나타난 여성들을 보자마자, 그들은 남성적인 힘을 망각해 버린 채 자신의 정열을 쾌락에 쏟아 붓기 시작했다.

299. 아마도 그들 중에 몇 명만이 이방 여인과 반율법적인 관계를 가졌을 것이다. 그러나 악과의 교제는 하나님의 도우심에서 멀어진 것을 의미한다 : 이들에 대해서 하나님은 진노하기 시작했다. 그러나 하나님의 심판이 내려지기 전에 질투심 많은 비느하스가 그들의 심판관으로 행동했다.

300. 비느하스가 음욕으로 가득 찬 사람들을 심판했을 때, 그

는 피를 가지고 죄를 씻는 제사장의 역할을 한 것으로 볼 수 있다. 그러나 이 피는 음욕과는 무관한 죄 없는 동물의 피가 아니라, 이 죄를 지은 사람들의 피였다. 두 사람의 몸을 관통한 창은 죄인들 뿐만 아니라, 그 쾌락까지도 죽였으며, 이로 인해서 하나님의 심판을 막을 수 있었다.

301. 내가 보기에 이 이야기는 우리들에게 중요한 충고를 주고 있는 것 같다. 즉, 인간을 공격하는 많은 욕망들 중에서도 쾌락만큼 강한 힘을 가진 것은 없다는 것이다. 애굽의 기병대보다 더 강했으며, 아말렉의 군사를 무찌르고 이웃 나라에 공포를 안겨 주었던 이스라엘 백성들, 그리고 미디안의 군대까지 소멸시켰던 이스라엘 백성들이 이방 여인을 쳐다본 바로 그 순간, 쾌락의 노예가 되고 말았던 것이다. 결국, 우리들이 가장 물리치기 어려운 대적이 곧 쾌락이라는 것을 알 수 있다.

302. 어떤 무기로도 정복할 수 없었던 이스라엘 백성들이 여인의 아름다움이라는 공격 앞에 무력해지자, 쾌락은 그들을 향해 승리의 트로피를 흔들어 댔다. 이방여인들은 쾌락을 이용해서 이스라엘 남자들을 야수로 만들었다. 그들은 음욕을 향한 비이성적인 충동 때문에 인간적인 본성을 망각해 버렸다; 그들은 자신의 욕망을 숨기지도 않고, 마치 돼지가 불결한 진흙구덩이에서 딩구는 것처럼 모든 사람들이 보는 앞에서 자신의 욕망을 채웠던 것이다.

303. 이 이야기를 통해서 우리가 배운 것은 무엇인가? 즉, 우리는 쾌락이 갖고 있는 악의 힘이 얼마나 큰 것인지를 알았기 때문

에, 가능한 한 이 쾌락을 억제하면서 살아야 한다는 것이다. 만약 그렇지 않으면, 이 질병은 침입할 수 있는 구멍을 찾아내고야 말 것이다. 그리고 쾌락은 곧 불이라고 할 수 있다. 왜냐하면, 이 불에 조금만 가까이 가더라도 악의 불꽃들이 우리들을 뜨겁게 하기 때문이다. 솔로몬도 맨발로 숯불을 밟아서는 안 되며, 가슴에 불을 품어서는 안 된다고 말함으로써, 이에 대해 경고하고 있다(잠 6:28, 27) 그래서 불을 뿜어내는 이 악으로부터 멀리 떨어져 있기만 한다면, 우리는 이 욕망에서 자유로울 수 있는 것이다. 그러나 이 불꽃에 가까이 가게 되면, 욕망의 불꽃이 우리들 가슴에서 타오르기 시작하며, 결국 우리들의 발과 가슴이 모두 타버리고 말 것이다.

304. 그리스도는 복음서를 통해서 우리가 이런 악을 삼가하기 위해서는 그 악의 뿌리부터 없애야 한다고 말씀하셨다—다시 말해서, 눈으로 보고 일어나는 욕망을 가르친다—즉, 눈으로 보고 욕망을 일으킨 사람들은 이미 그 질병이 들어올 수 있는 구멍을 열어준 셈이다(마 5:28). 왜냐하면, 이 악한 욕망들은 마치 전염병과 같아서 일단 우리 몸에 침입해 들어오고 나면, 죽음으로써만 끝장을 볼 수 있기 때문이다.

하나님의 종으로서의 완전함

305. 나는 고결한 삶의 모범으로서 모세를 선택하고 지금까지 그의 생애에 대해서 이야기해 왔지만, 이 이야기를 더 이상 계속

할 필요는 없다고 생각한다. 왜냐하면, 지금까지 말한 것으로도 정결한 삶을 살려고 노력하는 사람들에게 충분한 도움을 주었다고 판단되기 때문이다. 또한 고결한 삶을 살아가는 데 있어서 아직도 연약한 사람들, 이런 사람들에게도 더 이상의 서술은 도움이 되지 않을 것이다.

306. 그러나 서문에서 내린 우리의 결론을 잊어서는 안 된다. 즉, 성숙한 삶은 성숙했다고 해서 그 성장을 멈추는 것이 아니라, 좀 더 나은 것을 향해서 끊임없이 나아가는 삶을 의미한다는 것이다. 다시 말해서, 성숙한 삶이란 인간의 영혼이 성숙을 향해서 끊임없이 나아가는 것이다. 그리고 모세의 삶을 끝까지 살펴봄으로써, 성숙한 삶이 무엇을 의미하는지 확실하게 알 수 있을 것이다.

307. 이런 성숙을 통해서 자신의 삶을 고양시킨 사람은 그 영적인 높이가 하늘에 다다를 때까지 현재의 위치보다 더 높은 곳을 추구하는 것을 결코 멈추지 않을 것이다.

308. 애굽사람이 히브리인의 번성을 저지하려고 하던 때에 모세가 출생했다. 그때 애굽 군주가 출생한 남자아이는 모두 죽이라는 법령을 선포했지만, 모세는 이 살인법에 대항해서 승리했다고 할 수 있다. 왜냐하면, 처음에는 그의 부모를 통해서 생명을 건졌던 반면에, 다음에는 그 법령을 선포한 바로 그 군주에 의해서 키워졌던 것이다. 법령을 통해서 그를 죽이려 했던 사람이 실제적으로는 큰 보살핌을 베푼 것이었다. 즉, 그의 생명을 구했을 뿐만 아니라, 유년시절에는 세상의 모든 학문으로 그를 교육시켜 주었던 것이다.

309. 이후에 모세는 인간적인 명예나 왕의 위엄, 이런 것들보다 위에 설 수 있었다. 즉, 창병이 되거나 왕의 권위를 갖는 것보다도 고결한 삶을 살고 그 덕으로 인해 아름다워지는 것을 더 가치 있게 여겼기 때문이다.

310. 그리고 나서, 그는 자신의 동족을 구해내고 애굽인을 쳐죽였다; 여기에서 우리는 영혼의 친구와 대적에 대해서 모두 살펴보았다. 다음으로, 그는 은둔자의 삶을 통해서 더 고귀한 것들을 배울 수 있었으며, 떨기나무에서 나오는 빛을 통해서 하나님에 대한 깨달음을 갖게 되었다. 그 뒤 모세는 하나님께서 주신 선한 것들을 그의 동족에게 나누어 주기를 마다하지 않았다.

311. 모세는 애굽에서 두 가지 방법으로 자신의 능력을 입증했다. 하나는 계속되는 재앙을 내려서 대적자들을 소멸시키는 것이었고, 다른 하나는 동족들에게 선한 일을 행하는 것이었다. 그는 이 백성들이 맨발로 바다를 건널 수 있도록 했다: 즉, 믿음이라는 배를 타고 건넌 것이다. 그는 히브리인을 위해서는 바다가 마른 땅이 되도록 했으며, 애굽인에게는 그 마른 땅이 곧 바다가 되게 했다.

312. 그는 승전가를 불렀다. 그리고 구름의 인도를 받았으며, 하늘의 불을 통해서 깨달음을 얻었다. 하늘에서 내려온 양식으로 식탁을 차렸으며, 반석에서 나오는 물을 마셨다. 아말렉 군대를 무찌르기 위해서 팔을 높이 쳐들었다. 그리고 그는 산에 올라가 암흑 속으로 들어갔으며, 나팔 소리를 들었다. 이때 하나님께 가까이 다가갈 수 있었으며, 거기에서 하늘의 성막을 보았고 율법을 받았다. 그리고 앞

에서 서술한 대로 그의 마지막 전쟁들도 성공적으로 이끌었다.

313. 그가 마지막으로 한 의로운 행동은 음욕의 죄를 심판한 것이다. 그리고 이것은 비느하스의 분노를 통해서 볼 수 있었다. 이 모든 일 후에 모세는 영원한 안식을 위해 산으로 올라갔다. 그는 하나님께서 주시기로 약속하셨으며, 모든 이스라엘 백성들이 갈망하는 그 땅에 들어갈 수가 없었다. 하늘에서 내려온 양식을 더 좋아했던 모세는 이제 더 이상 세상의 양식을 먹지 않았다. 그러나 모세가 산의 정상에 올라가서 단순히 자신의 생애를 끝마친 것이 아니라, 작품을 조각하는 선한 조각가처럼 자신의 생애를 마지막으로 손질한 것이라고 할 수 있다.

314. 성경 본문은 여기에 대해서 무엇을 얘기하고 있는가? "여호와의 종 모세가 여호와의 말씀대로 죽었으나 그 무덤을 아는 자가 없었으며 눈이 흐리지 아니하였고 기력이 쇠하지 아니하였으니"(신 34:5-7)라고 기록하고 있다. 우리는 이 말씀을 통해서 한 가지 배운 바가 있다. 즉, 그렇게 고귀한 삶을 살다 간 사람은 "하나님의 종"(민 12:7)이라는 가장 숭고한 이름으로 불린다는 것이다. 그리고 이 이름은 다른 사람들 보다 뛰어났다는 의미를 갖고 있는 말이다. 왜냐하면, 세상에서 모든 사람들보다 뛰어나지 않고서는 하나님을 섬길 수가 없기 때문이다. 모세에게 있어서, 이것이 그가 살았던 고결한 삶의 마지막이었다. 성경에서는 "죽음"이라고 서술하고 있지만, 그것은 살아있는 죽음이라고 할 수 있다. 즉, 무덤이나 비석도 발견되지 않았으며, 눈이 흐려지지도 기력이 쇠하지도 않았기 때문이다.

315. 지금까지 한 이야기를 통해서 우리가 배운 것은 무엇인가? 그것은 우리의 삶 안에서 한가지 목적을 갖는 것이다: 즉, 고결한 삶을 살아서 하나님의 종으로 불릴 수 있는 사람이 되는 것이다. 그러나 이 목적에 이르기 위해서는 계속되는 완덕의 단계를 거쳐야만 한다. 먼저, 당신은 모든 대적들(애굽인, 아말렉, 미디안)을 물리치고, 물을 건너고, 구름을 통해서 깨달음을 얻고, 나무를 통해서 단맛을 느끼며, 반석으로부터 나온 물을 마시고, 하늘의 양식을 맛보고, 순결하고 정화된 몸과 마음으로 산에 올라가야 한다; 그리고 그 산에 도착해서 나팔소리를 통해 하나님의 신비를 배우고, 암흑 속에서 신앙을 통해 하나님께 가까이 다가가서 성막의 신비와 제사장직의 위엄을 배워야 한다.

316. 그리고 당신은 하나님께서 주신 율법을 조각가처럼 자신의 마음에 새겨 넣고; 황금으로 만든 우상을 파멸시키고(이것은 당신의 삶에서 탐욕적인 욕망을 제거하는 것을 의미한다); 그리고 당신은 발람의 마법까지도 무력하게 만들 수 있는 높이까지 고양되어야 한다(당신은 "마법"이라는 말에서 삶의 교묘한 속임수를 떠오르게 될 것이다. 즉, 키르케의 마약처럼 사람들을 비이성적인 동물의 형태로 변하게 하는 기만을 의미한다); 이런 모든 단계를 거친 후에, 당신에게 제사장의 지팡이에 열렸던 열매가 맺히게 된다. 이것은 땅에 있는 수분을 통해서가 아니라, 그 자체에서 갖고 있는 독특한 능력을 통해서 가능하다(아몬드 열매의 첫 맛은 쓰고 딱딱하지만, 그 안은 먹을 수 있을 뿐만 아니라 매우 달기까지 하다); 그리고 다단이 땅 밑으로 먹혀들고 고라가 불의 심판을 받은 것처럼, 당신의 선한

가치에 대항하는 모든 대적들을 다 소멸시켜야 한다—이렇게 하면, 당신은 이 목적에 가까이 갈 수 있을 것이다.

317. 나는 "목적"이라는 말을 통해서, 이룰 수 있는 구체적인 어떤 일을 의미하고 있다. 예를 들어 농사의 목적은 열매를 얻는 것이며; 집을 짓는 목적은 그 안에서 살기 위해서이다; 장사의 목적은 부자가 되는 것이고; 경주에서의 목적은 상을 타는 것이다. 이와 같이, 고결한 삶을 사는 목적도 바로 하나님의 종으로 불리기 위해서이다. 이런 명예는 무덤이 발견되지 않았다는 사실로 해석될 수 있다. 즉, 무덤이 없다는 것은 그가 순수하게 살았다는 것, 그리고 악에서 자유로웠다는 것을 의미하기 때문이다.

318. 성서는 하나님의 종이 갖고 있는 또 다른 특징을 기술하고 있다: 즉, 그 눈이 흐려지지 않았으며, 그 기력이 쇠하지도 않았다는 것이다. 항상 하나님의 빛 안에 있었던 모세의 눈이 어떻게 흐려질 수 있겠으며, 중용을 따라 살면서 어떤 타락도 허용하지 않았던 모세가 어떻게 그 기력이 쇠할 수 있겠는가? 즉, 진실로 하나님의 형상을 지닌 사람, 그리고 그 신적 형상으로부터 벗어나지 않는 사람은 구별 가능한 표징을 갖고 있으며, 모든 일에서 그가 하나님과 함께 하고 있다는 것을 입증할 수 있다: 그는 더럽혀지지도, 변하지도 않는 것으로 자신의 영혼을 아름답게 만들고, 결코 악을 용납하지 않는다.

결론

319. 하나님의 사람, 가이사리우스(Caesarius)여, 우리는 지금까지 모세의 삶을 우리의 모범으로 삼아 정결한 삶의 성숙이 무엇인지 대강 살펴보았다. 이제 우리는 모세의 삶을 본받음으로써, 지금까지 말한 아름다운 삶을 우리 안에서 이루어 내야 한다. 모세가 완전함을 이루었다는 사실은 성경에서도 확실히 증거하고 있다. 즉, 하나님께서 그에게 "내가 천하 만민 중에서 너를 알았다"(출 33:12, 16, 17)고 말씀하신 것이다. 그리고 이것은 하나님 스스로 모세를 "하나님의 친구"(출 33:11)라고 부른 것에서도 알 수 있다. 하나님이 선한 의지를 통해서 이스라엘 백성들의 죄악을 용서하지 않고 그들 모두를 소멸시키려고 했을 때에도, 모세는 이스라엘 백성들을 향한 하나님의 진노를 가라앉힐 수 있었다. 하나님은 그의 친구 모세를 슬프게 하지 않기 위해서 심판을 거두셨던 것이다. 이런 모든 일들이 곧 모세가 완전함의 정상에 올랐다는 것을 보여주는 확실한 증거이다.

320. 우리는 고결한 삶이 목적이 무엇인지, 그리고 그 목적을 이룰 수 있는 방법이 무엇인지 이미 살펴보았다. 존경하는 친구여, 이제 우리가 영적인 해석을 통해서 얻게 된 진리를 당신의 삶에 적용시킬 시간이 되었다. 그리고 이 목적은 하나님께 알려지고 하나님의 종이 되기 위해서이다. 이것이 진정한 완전함이다: 즉, 노예가 처벌을 두려워하여 피하는 것처럼 악한 생활을 피하는 것은 완전함이 아니다. 그리고 고결한 삶을 사업이나 계약 협정처럼 생각하면서 보상을 받기 위해 선한 일을 하는 것도 완전함이 아니다. 이와 반대로, 완전함이란 우리의 소망이나 약속된 보상까지도 모두 무시하고, 하

나님과 멀어지는 것을 가장 두려운 일로 여기면서, 하나님의 친구가 되는 것을 유일한 명예와 가치로 여기는 것을 의미한다. 바로 이것이 삶의 완전함이다.

321. 만약 당신이 거룩하고 순결한 것, 그리고 하나님에 대한 것까지도 이해하게 되었다면, 당신이 무엇을 발견했던지 간에(나는 당신이 많은 것을 발견했다고 믿고 있다). 그것은 예수 그리스도 안에서 매우 유용한 것이라고 확신한다. 아멘.

참고문헌

Editions and Translations

Blum, Manfred. *Gregor von Nyssa, Der Aufstieg des Moses.* Sophia 4. Freiburg, 1963.
Daniélou, Jean. *Grégoire de Nyssa, La Vie de Moïse.* Sources Chrétiennes 1 bis. Paris, 1955.
Migne, J.P. *Patrologiae Graecae* 44. Paris, 1863.
Musurillo, Herbertus. *Gregorii Nysseni, De Vita Moysis. Gregorii Nysseni Opera* 7, 1, ed. W. Jaeger and Hermannus Langerbeck. Leiden, 1964.

Studies

Balás, David L. ΜΕΤΟΥΣΙΑ ΘΕΟΥ. *Man's Participation in God's Perfections according to Saint Gregory of Nyssa.* Studia Anselmiana, 55. Rome, 1966
Balthasar, H.v., *Presence et Pensée. Essai sur la philosophie religieuse de Grégoire de Nysse.* Paris, 1942.
Bebis, George S. "Gregory of Nyssa's 'De Vita Moysis': A Philosophical and Theological Analysis." *Greek Orthodox Theological Review* 12 (1967):369-393.
Cazelles, H., et al. *Moïse, L'homme de l'alliance.* Paris, 1955.
Cherniss, H.F. *The Platonism of Gregory of Nyssa* (University of California Publications in Calssical Philology XI). Berkeley, 1930.
Daniélou, Jean, and Herbert Musurillo. *From Glory to Glory: Texts from Gregory of Nyssa's Mystical Writings.* London, 1961.
Ivánka, E.v., *Hellenisches und Christliches im frühhyzantinischen Geistesleben.* Vienna, 1948.
Jaeger, W., *Two Rediscovered Works of Ancient Christian Literature: Gregory of Nyssa and Macarius.* Leiden, 1954.

Konstantinou, Evangelos G., *Die Tugendlehre Gregors von Nyssa im Verhältnis zu der Antike-Philosophischen und Judisch Christlichen Tradition.* Würzburg, 1966.

Leys, R., *L'image de Dieu chez Saint Grégoire de Nysse. Esquisse d'une doctrine.* Paris, 1951.

Merk0i, H., Ομοιωσισ Θεω. *Von der platonischen Angleichung an Gott zur Gottähnlichkeit bei Gregor von Nyssa* (Paradosis VII). Freiburg, 1952.

Mühlenberg, E., *Die Unendlichkeit Gottes bei Gregor von Nyssa. Gregors Kritik am Gottesbegriff der klassischen Metaphysik.* (*Forschungen zur Kirchen-und Dogmengeschichte,* 16). Göttingen, 1966.

Völker, W., *Gregor von Nyssa als Mystiker.* Wiesbaden, 1955.